세상선 世上禪

산수도 山水道

성수 性壽 대종사 선어록

성수性壽 대종사 선어록

세상선世上禪 산수도山水道

1판 1쇄 펴낸 날 2014년 1월 1일

엮음 김성우 발행인 김재경 교정·교열 이유경 편집디자인 최정근 마케팅 권태형 인쇄 보현피앤피

펴낸곳 도서출판 비움과소통 서울시 영등포구 영등포동7가 29-126 포레비떼 705호 전화 (02)2632-8739
팩스 0505-115-2068 이메일 buddhapia5@daum.net 트위터 @kjk5555 페이스북 ID 김성우
홈페이지 http://blog.daum.net/kudoyukjung 출판등록 2010년 6월 18일 제318-2010-000092호

세상선世上禪
산수도山水道

성수性壽 대종사 선어록

김성우 엮음

비움과소통

가섭의 염화시중(拈花示衆)이
미소(微笑)인가, 비소(非笑)인가

선문답(禪問答)은 석가모니 부처님의 근본 사상을 탐구하는 과정이며, 염화시중(拈花示衆)에서의 가섭(迦葉) 존자의 미소는 그 시작이었다.

인도의 영산(靈山)에서 범왕(梵王)이 부처님께 설법을 청하며 연꽃을 바치자, 부처님께서 연꽃을 들어 대중들에게 보이셨다. 이때 사람들은 그것이 무슨 뜻인지 알지 못하였으나, 가섭만은 참뜻을 깨닫고 미소를 지어 보였다. 이에 부처님은 가섭에게 정법안장(正法眼藏: 사람이 본래 갖추고 있는 마음의 묘한 덕)과 열반묘심(涅槃妙心: 번뇌와 미망에서 벗어나 진리를 깨닫는 마음), 실상무상(實相無相: 생멸계를 떠난 진리는 형상을 초월한다), 미묘법문(微妙法門: 미묘한 진리를 깨닫게 하는 법문)의 진리를 전해 주었다. 즉 말을 하지 않고도 마음과 마음이 통하여 깨달음을 얻게 된다는 뜻으로, 선 수행의 근거와 방향을 제시하는 근본 화두(話頭: 수행자가 깨달음을 얻기 위해 참구(參究)하는 문제)가 '염화시중'인 것이다.

그 후 여러 눈밝은 종사(宗師)들이 부처님의 교시 내용을 주제로 수천년 동안 서로 갑론을박(甲論乙駁)하며 물고 뜯으며 싸워 온 기록이 선문답이다. 그래서 선문답이란 '나는 산 눈이다' '너는 눈이 죽었다' 등으로 맞서 주장하며 서로 다투는 것이다. 그러나 이 자유분방한 논쟁에도 기본적인 기율이 있다.

제일 중요한 것은 염화시중 때 가섭의 웃음이 미소인지, 비소(非笑: 비난하는 웃음)인지 흑백을 가릴 줄 알아야만 안목(眼目) 있는 선객(禪客)이라고 할 수 있다.

선은 화두를 얻어 시작하는 것이고, 제방(諸方)에서 화두를 주는 이도 많고, 또 화두를 타 온 이도 무수하게 많지만, 부처와 가섭 사이에 오고 간 것이 미소인지 비소인지 흑백을 가려 볼 만한 안목이 있는 이는 매우 드문 것 같다.

불자들이여, 밤송이를 밤이라 하면 누구도 그것을 부인할 수 없겠지만, 그 중에 알밤이 있는 것은 상상도 못하고,

또 설사 그 알밤을 봤다 해도 그 알밤 속에 있는 진귀하고 미묘한 맛을 감불생심(敢不生心) 알 수가 없다.

불자들이여, 툭하면 호박이 떨어지는 줄 알아야 하는데, '마음이 부처다' 라고 으스대는 주제에 밤송이에도 속으니 참으로 잘 살피지 않으면 안된다. 밤송이를 보고 견성(見性: 성품을 깨닫다)했다고 하지만 더욱 더 깊이 살펴 들어가지 않으면 안되는 것이다.

자연과 비유하면 식물의 씨가 3일, 5일, 7일 안으로 대개 싹이 트듯이 참선하는 사람도 대개 그 동안에 눈을 뜨지만, 실은 그 견성 다음 즉 오후(悟後: 깨닫고 난 이후의 불행(佛行)수행)가 더욱 더 어려운 것이다.

왜냐하면 싹이 튼 씨는 물보다도 연한 그 촉이 굳은 땅에 발을 내리고, 잎이 나오면 선지식(善知識)이라 하고, 그 속에서 줄기가 나오면 조사(祖師)라 하고, 꽃이 피면 보살(菩薩)이라 하고, 열매가 맺으면 성불(成佛)이라 하는 것이다.

불자들이여, 밤송이를 밤이라고 하는 것은 너무도 당연한 일이지만, 씨알이 7일내로 눈을 떴으니 견성이라 할 수 있겠으나, 그 후가 더 어려우니, 물 보다도 연한 촉을 고이

고이 전심전력으로 잘 길러서 잎과 줄기가 나온 후에 꽃을 피운 다음에도 열매가 생겨서 결과가 맺어지기 까지는 참으로 큰 어려움이 많이 가로놓여 있는 것이다.

이와 같이 자연도 분명히 순서에 의거해서 좋은 결과를 이루듯이 우리가 불과(佛果: 부처님의 지위)를 증득하는 과정도 일지(一地: 초지 보살), 이지, 삼지, 사지 … 십지, 등각(等覺), 묘각(妙覺), 대각(大覺)의 순서를 하나도 빼놓아서는 안되는 것이다.

불자들이여, '내가 구도자다' 라는 이름을 가졌으면, 속히 눈밝은 선각자를 찾아가서, 생로병사가 두려우니 그 밖이 어디인지, 생사 해탈법을 배우는데 전심전력하여 생사 장야(長夜: 긴 밤)의 긴 꿈을 깨어나라.

1978년 5월 2일
원적산인(圓寂山人) 활산성수(活山性壽)

사족(蛇足)에 대한 변명

"벗이여, 만약 모든 감각기능을 완벽하게 갖춘 어떤 사람이 성성하게 깨어있으면서도 갈망과 증오와 미혹에 동요되지 않고 남아 있을 수 있다면, 나는 그것을 인간이 성취할 수 있는 최고의 능력이라고 할 것이다. 그것이 바로 내가 이룬 것이며, 그것이 바로 내가 주창하는 수행의 궁극적 목표다."

부처님께서는 "스승이시여, 죽을 수밖에 없는 우리 인간이 성취할 수 있는 최상의 능력이란 무엇입니까?" 라는 뿌꾸사의 질문에 이렇게 대답한 적이 있습니다. 수행을 통해 얻는 최상의 능력은 하늘을 날고 호풍환우(呼風喚雨)하는 초능력에 있는 게 아님을 알 수 있습니다. 부처님께서는 늘 깨어있으면서 탐욕과 성냄, 어리석음에 흔들리지 않고 집착없이 텅빈 마음으로 자유롭게 사는 것이 수행의 목적이자 과정임을 분명히 하신 것입니다.

어느 비구니가 범어사로 와서 불법(佛法: 불교의 진리)을 물었다.

이에 성수 스님은 "가지고 있는 법은 어찌하고 따로이 법을 묻느냐?" 라고 한 뒤, "법을 알기 전에 자기 부족을 살필 줄 아는 이가 참다운 수행인 이거니와 자기 병을 진단하지 못하면 천불(千佛: 천 분의 부처님)이 출세해도 불법을 알기는 어렵다" 고 했다.

성수 스님이 다시 말했다.

"화두나 들고 좌복(坐服: 방석)에 앉아 세월만 보내면 뒤에 받을 몸은 누구에게 책임을 지울 것인가! 불법은 저 건너 산을 보라. 봄이 오면 잎이 나고 가을 오면 낙엽지네. 이 밖에 따로 구하지 말라. 구한 즉 고(苦)가 되나니라."

한 비구니의 '불교의 진리가 무엇이냐' 고 묻는 질문에, 성수 큰스님(1923~2012)은 "가지고 있는 법은 어찌하고 따로이 법을 묻느냐?" 라고 응수합니다. 사실, 이 답변은 질문의 핵심을 교묘하게 회피한 듯 하지만, 사실 명쾌한 답을 주고 있습니다. 불법이 어딘가에 따로 존재하고 있다고 생각하는 수행자의 질문에, 성수 스님은 '자기가 가지고 있는 법부터 알라'고 일러준 것입니다. 행주좌와 어묵동정(行住坐臥 語默動靜: 걷고 머물고 앉고 눕거나 말하고 침묵하거나 움직이거나 고요함) 간에 매일매일 쓰면서도, 그것이 무엇인지 모르는 학인에게 자신의 불심(佛心)을 곧바로 알아차리도록 경책한 것입니다.

예로부터 학인들의 일반적인 모습은 자기 안에 불법을 갖추고 있으면서도, 밖으로만 그것을 찾아다닌다는 점입니다. 하지만 밖으로 구하는 마음을 쉬지 못하는 한 스스로 괴로움을 자초하는 악순환이 멈추지 않는 법입니다. 밖으로 찾고 구하는 헐떡이는 마음을 쉬는 것이 도를 얻기 위한 요체임을 분명히 알아야 합니다. 억지로 찾고 구하는 사량·분별심을 쉬는 순간, 이미 모든 것을 갖춘 자성을 깨닫게 되기 때문입니다. 그래서 역대 선사들은 한결같이 '무심이 도[無心是道]'라고 말했습니다. 이때의 무심이란 바로 잡념이나 사심과 같은 사량·분별심을 쉰, 무념(無念)의 상태를 뜻합니다. 진여는 '분별을 떠난 성품의 자리'이기에, 무심을 통해서 계합(契合)이 가능한 것입니다.

성수 큰스님이 수행자에게 "불법은 저 건너 산을 보라.

봄이 오면 잎이 나고 가을 오면 낙엽지네. 이 밖에 따로 구하지 말라. 구한 즉 고(苦)가 되나니라" 라고 일러준 것도 이런 의미를 담고 있습니다. 밖으로 찾고 구하는 망상과 취사·선택하는 사량·분별심이 쉬어지면 사물을 있는 그대로, 진실 그대로 볼 수 있는 까닭입니다. 성수 큰스님이 주석하는 산청 해동선원에 들어서면 입구에 큰스님이 직접 쓴 '산수도 세상선(山水道 世上禪)'이라는 큼지막한 글귀가 보입니다. "산과 물이 도(道)요, 세상 모든 일이 선(禪) 아닌 것이 없다"는 큰스님의 평소 가르침을 명확하게 드러낸 말입니다. 송 나라 때의 굉지(宏智) 선사가 '삼라만상은 있는 그대로가 좋다' 고 한 말도 이런 뜻을 담고 있습니다. 일본의 도원(道元) 선사도 '봄에는 꽃, 여름에는 두견새, 가을에는 달, 겨울에는 눈이 내려 서늘하도다' 라고 노래한 적이 있습니다.

이러한 '산수도' 와 '자연의 설법[無情說法]' 을 깨달은 중국 송나라 때의 소동파(蘇東坡)는 아름다운 봄의 풍경을 빗대어 '버드나무는 푸르고, 꽃은 붉다[柳綠花紅]' 라고 진리를 노래하기도 했습니다. "시냇물 소리는 부처님 설법으로 들리고[溪聲便是長廣舌] 산을 보아도 청정법신으로 보인다[山色豈非淸淨身]"는 소동파의 오도송과 같은 '무정설법'을 보고 들을 수 있으면, 온 세상에 설법 안 하는 존재가 없고 불사(佛事) 아닌 일이 하나도 없음을 알게 됩니다. 소위 '곳곳에 부처가 있고, 매사가 불공(佛供) 아님이 없다'는 말입니다. 마음의 눈을 뜨고 보면, 눈만 뜨이는 것이 아니라 마음의 귀도 열린다고 합니다. 즉 눈으로 소리를 보고, 눈으로 소리를 듣게 된다는 것입니다. 물론 이 도리는, 유정(有情: 생명체)에 대해 무정(無情: 무생물)이 존재하고 있다거나 물질에 대해 마음이 있다거나 하는 이분법적 사고에 머물러 있는 한 깨치기 어렵습니다. 마찬가지로 보는 놈과 보이는 대상이 따로 있다고 여기는 한, 석가모니불이 입멸한 뒤 56억 7천만년이 되는 때에 다시 사바세계에 출현한다는 미륵불(彌勒佛)이 나타날 때를 기다려도 알기 어렵다고 했습니다.

'버드나무는 푸르고 꽃은 붉다'고 했듯이, 버드나무도 꽃도 명명백백하여 그대로 다 드러나 있습니다. 꽃이나 버드나무가 애써 자기를 나타내고 있는 것이 아니라, 다만 있는 그대로일 뿐입니다. 선사들이 말하는 불립문자(不立文字: 문자를 세우지 않는다)는, 존재하는 모든 것이 진실을 말하고 있다는 것입니다. 꽃이 빨갛고 잎사귀가 푸른 것도 그대로 진리를 노래하고 있으므로 구태여 말할 필요가 없다는 것입니다. 다만 사람들이 자연과 접하면 자연히 시가 되고, 노래가 되고, 그림이 될뿐입니다. 사람이 그것을 꾸미는 것이 아니라, 꽃이나 새에 의해 보는 사람의 마음 속에서 꽃과 새를 표현하게 되는 것입니다.

계절이 바뀌는 사이, 어느새 꽃은 말없이 피어났다가 소리 없이 집니다. 그래도 사람들은 문득 거기에서 뭔가를 느낍니다. 그야말로 유마(維摩) 거사의 '침묵이 우레소리와 같다[一黙如雷]'는 역설처럼 말입니다. 우레소리와 같은 큰 음성이 침묵이라는 것은 선사들의 위대한 가르침입니다. 사실은 무언(無言)이 아니라 진실의 목소리지만, 주파수가 서로 다르므로 들어도 듣지 못하고 보아도 보지 못하는 것일 뿐입니다. 수행자는 보고 듣는 강렬한 체험 가운데서 어느 순간 '보고 듣는 놈'을 돌아보게 되며, 비로소 무언의 목소리에 귀를 기울이게 됩니다.

그러나 현상으로서 존재하는 것의 밑바닥에 있는 변치 않는 실상(實相)은 본래 개념화, 형상화할 수 없는 무상(無相)입니다. 꽃이나 새와 같은 현상적인 존재는 색깔을 갖고 형태를 지닌 그대로가 무상이며, 무상을 바로 보는 사람은 '실상무상(實相無相)'의 도리를 알기에 무상인 채로 평상심으로 삽니다. 현상적인 존재의 무상을 그대로 인식하면서 그것에 구애되지 않는 경지에서 사는 사람은 모든 모습(相)을 초월한 '모습이 없는 모습', 즉 무일물(無一物: 한 물건도 없다)이 진상(眞相)임을 깨달은 사람입니다. 『금강경』의 "무릇 있는 바 상(相)은 다 허망하니, 만약 모든 상이 상 아님을 보면, 곧 여래를 보리라[凡所有相 皆是虛妄 若見諸相非相 卽見如來]"는 뜻을 요달한 사람은 공(空)·무상(無相)·무원(無願)의 3해탈을 수용하며 언제나 대자유를 누리는 것입니다.

제가 이 책에 사족을 단 이유는 명쾌하면서도 심오한 선(禪)의 지혜를 통해 얻은 나름의 안심(安心)과 평상심(平常心)을 나누며 살고 싶었기 때문입니다. 참선을 통해 이미 깨달아 있는 모양 없는 '본래의 얼굴[本來面目]', 비롯함이 없는 때부터 존재했던 '마음 거울[古鏡]'을 확신하고 헐떡이는 마음을 쉬게 되면 이제 선(禪)의 문턱에 다다랐다고 할 수 있습니다. 이때부터는 경전과 선어록에 나타난 불·조사의 뜻을 알게 되고, 일상의 분주함 속에서도 걸림없이 자유와 행복을 누리며 사는 것이 가능하게 됩니다.

그러나 선(禪)에 대한 많은 관심과 애정에도 불구하고, 정작 선을 이해하고 실천하는 사람은 그리 많지 않은듯 합니다. 오히려 선에 대한 막연한 동경과 함께 왠지 접근하기 어렵다는 인식이 오히려 거부감을 불러일으키기도 합니다. 제가 성수 큰스님의 선문답에 사족을 단 또 하나의 이유는 선에 대한 오래된 오해를 불식하고, 접근 가능성을 높여보자는 평소의 발원 때문이었습니다. 저 역시 25년여의 좌충우돌하는 구도역정(求道歷程) 동안, 알 수 없는 선문답의 벽에 가로막혀 수행을 어렵게만 생각하고 세월을 낭비한 때가 적지 않았기 때문입니다.

하지만, 선이란 어렵다거나 쉽다거나 하며 한쪽으로 단정하기 어려운 최상승의 '수행법 아닌 수행법[無修之修]'입니다. 쉽다면 아주 쉬워서 세수하다 코 만지기 보다 더 쉬운 것이지만, 어렵다면 허공에 사다리를 세우고 하늘로 올라가기 보다 더 어렵다고 하는 것입니다. 육조혜능 스님 같은 분은 8개월 동안 방아찧는 행자로 있다가 오조홍인 스님의 금강경 설법을 듣고 깨달았고, 그 제자인 영가현각 스님은 육조 스님과의 선문답을 통해 곧바로 깨닫고 인가를 받기도 했습니다. 반면, 대부분의 수행자들은 일생 동안 좌선하며 화두를 참구해도 견성하기 어려운 것이 참선이기도 합니다. 깨닫는 것은 오로지 용맹정진한 시간의 많고 적음에 달려있는 것이 아니라, 구도자의 간절하고도 진실하며 오롯한 마음 하나에 달려 있는 것 같습니다.

그래서 20년을 참선했건, 30년을 공부했건 우리 내면에 아무런 확신과 변화가 일어나지 않았다면 각자의 공부 이력을 냉철하게 되돌아 봐야 할듯합니다. 부처님 당시부터 근래까지 무수한 수행자들이 스승의 말끝에 단박 깨달았습니다[言下大悟]. 우리도 같은 부처님 제자인데, 그분들처럼 말끝에 깨닫는 기연을 얻지 못하리란 법이 없습니다. 수행에 진척이 없다고 해서 스승과 수행법을 탓할 것이 아니라, 오로지 자신의 믿음과 간절함이 부족하지 않았는지를 돌아봐야 합니다. 수행이란 자신의 문제이지 결코 남의 문제가 아니기 때문입니다. 부처님과 조사님들의 깨달음이 나와 무관한 것이 절대 아닙니다. 그 분들의 자상한 가르침을 지금 이 자리에서 보고 듣고 있는 이 자체가 이미 깨달음의 향연에 동참하고 있다는 사실을 알아야 합니다. 불교는 철저하게 '일체유심조(一切唯心造)'를 일깨웁니다. 자신과 우주를 만드는 '마음'을 깊이 확신하는 것에서 부터 수행이 시작됩니다. 그네들이 깨달았으니, 나도 할 수 있다는 자신감에서 이미 승부가 엇갈린다고도 볼 수 있습니다.

『화엄경』에 의하면, 부처님께서 깨달으시고 회상하시되, "기이하고 기이하도다. 일체 중생을 두루 관찰해 보니, 여래의 지혜와 덕상을 다 간직하고 있건마는 미혹하여 돌이키지를 못하고 있구나[具足如來 智慧德相 迷而不返)]"라고 하셨습니다. 일체 중생이 다 불성을 가지고 있기에 누구나 성불할 수가 있음에도 육신의 아집에 집착하고 망심의 애착에 사로잡혀서 깨치지 못하고 있다는 안타까움을 드러낸 말씀입니다. 『열반경』에서도 부처님께서는 "마음이 있는 자는 다 마땅히 성불할 수가 있다[凡有心者 皆當成佛]"라고 거듭 확신을 주고 계신 것입니다. 이처럼 온갖 희·로·애·락이 넘쳐나는 이 세계에서 고통없이 자유롭게 사는 것이 평범한 사람 누구나 가능함을 많은 경전과 선어록은 증명하고 있습니다. 때문에 참선은 솔직하게 선지식의 말씀을 듣고 순수하게 공부하면 깨치기가 어려운 것이 아니라고 고인들은 말했습니다. 삼조승찬 대사께서도 『신심명』에서, "지극한 도는 어려운 것이 아니라 오직 간택함을 꺼리는 것이니, 다만 미워하고 사랑하는 것만 없으면 훤출하게 명백하리라" 하셨습니다. 바로 믿고 바로 알면 누구든지 견성성불 할 수가 있다는 것입니다.

이 책은 부처님과 조사님들의 가르침에 따라, 달을 가리키는 손가락에 손가락 하나를 더 보태는 심정으로 '본래성불(本來成佛: 본래부터 깨달아 있다)'의 도리를 전하고자 합니다. 그러나 선지(禪旨)는 한 생각만 움직여도 어긋나고, 입을 열면 벌써 틀리고 맙니다. 그래서 '한 생각이 일어나기 전[一念未生前]'을 활구(活句)라 하고, 아무리 심오한 법문이라도 입밖에만 떨어지면 사구(死口)라 했습니다. 고인들은 "한 생각이라도 일어나기 전에 깨달아 얻으면 기이한 말과 묘한 글귀가 티끌로 화하니라"고도 했습니다. 따라서 이 책은 비록 죽은 말일지라도 활구 참선으로 나아갈 수 있는 작은 징검다리 역할에 만족하고자 합니다. 성수 큰스님의 독창적인 한국형 선문답에 대한 필자의 사족(蛇足)은 말 그대로 뱀의 다리일 뿐이며, 잘못된 해설이 있다면 그 허물은 오로지 제가 짊어지어야 할 과보가 될 것입니다. 대덕, 큰스님들의 아낌없는 지도편달과 가르침을 기대합니다.

이 책이 출간 될 수 있도록 귀한 가르침을 주시고 『불문보감』 '선문답편'의 해설을 허락해 주셨던 故 성수 큰스님께 삼배를 드립니다. 영원한 수행자의 사표(師表)로서 출격(出格) 대장부가 가야할 길을 온몸으로 보여주고 원적(圓寂)에 드신 큰스님의 자비심에 거듭 감사를 드립니다.

삼세의 모든 부처님과 역대 조사, 대덕(大德), 선지식님들, 인연 닿은 도반님들의 바다와 같은 은혜에 엎드려 절하면서, 더욱 정진하여 부처님 가르침대로 회향하며 살 것을 서원합니다.

2013년 12월 22일(동지), 영등포 무무당(無無堂)에서
푸른바다(蒼海) 김성우(金聖祐) 두 손 모음

| 목차 |

3부 · 선(禪) 법문

세상선世上禪
산수도山水道

성수性壽 대종사 선어록

1.
성수 대종사
행장

우리 시대의 대인(大人)
성수 대선사의 구도기

"지금 절은 죽은 땅이야. 중은 고질병이 들었어. 새 땅에 새 인재를 길러야 해."

우리 나라의 대표적인 선지식으로서 팔순을 넘긴 노구임에도 누구든 찾아오면 격을 두지 않고 친견을 허락하시는 조계종 원로의원 성수 큰스님. 나라와 인류를 구원할 '새끼 사자'(불교에서는 부처님을 사자나 코끼리의 왕으로 상징함)를 키우기 위해 평생 원력을 쏟아 온 성수 스님은 후학들에게 치열한 수행 경험에서 우러나온 살아있는 소리만 하시는 큰스님으로 알려져 있다. 평생에 한번 친견하기도 힘들 정도로 문턱이 높은 다른 큰스님들과는 달리, 출·재가를 막론하고 법거량(선문답)을 받아주며, 경책하고 탁마하는 자비로운 법문을 많이 내리시기에 많은 스님과 재가 신도들의 존경을 받고 있다. 더구나 수행자나 일반 신도들에게 일러주는 법문은 하나같이 실천 속에서 우러나온 말씀이기 때문에 배우는 사람들이 정진하는데 큰 도움이 된다.

모든 사람들에게 겸손하시고 물욕과 명예욕이 끊어진 담백한 성품의 성수 스님은 평생 수행에만 매진해온 구도자 답게 철저한 청규(淸規)를 지켜오고 계신다. 상좌나 신도들에게도 절대 눕지 말 것, 밥이나 과일을 많이 먹지 말 것, 새벽 예불에 동참, 휴지사용 최소화, 잡기근절 등을 당부하신다. 아울러 팔순이 넘은 나이에도 새벽 예불과 좌선을 제자들과 함께 할 정도로 늘 말 보다는 실천행으로 가르침을 펴고 계신다.

평생의 대부분을 한 곳에 머물지 않고 인연 닿는 곳에서 선 수행자들과 신도들에게 활구(活句) 법문을 내려주시던 성수 스님이 당신의 깨친 바를 회향하기 시작한 것은 1990년, 대나무가 유난히 많은 함양 황석산 아래 토굴 한 채를 지으면서 부터다. 이로부터 황석산은 '도인(道人) 스님이 계신 곳'으로 소문이 나면서 승속을 막론하고 스님을 찾아와 가르침을 청하는 구도자들로 줄을 지었다. 스님 문하에서 참선하기를 청하는 불자들이 점점 늘어나자 법당과 시민선원 등이 잇달아 들어서면서 황대선원이 비로소 사격(寺格)을 갖추게 되었다. 이는 남녀노소 누구든지 그릇에 맞추어 참선을 닦을 수 있는 수행 도량(道場)을 열겠다는 스님의 원력에 부응하는 불사였다.

스님의 자비심 덕분에 어느덧 황대선원은 구참 재가 수행자들이 정진하는 수행처로 자리잡게 되었다. 게다가 황대선원에서 출가 이후 60년이 넘게 매일 새벽 2시 반에 일어나 예불 및 참선하는 일과를 한번도 거르지 않은 성수 큰스님의 자상하고도 말없는 가르침은 수행자들에게 더욱 매서운 회초리가 되고 있다. 60~80세의 연로한 수행자들이 평균 30여명씩 스님의 일거수 일투족을 거울 삼아 정진하고 있는 것이 결코 우연이 아닌 것이다.

성수 스님은 2002년, 근성있는 '새끼 사자'를 키우기 위해 경남 산청군 금서면 평촌리 매촌초등학교를 인수해 해동선원(海東禪源)을 개원하기도 했다. "해동선원 터는 인재가 많이 나는 형상의 풍수라 참선공부하는 선원을 세우기에 안성맞춤인 곳"이라고 말해 온 스님은 황대선원과 해동선원을 오가며 스승을 잡아먹을 수 있는 기상과 의지가 있는 출가 및 재가 선객들을 언제나 기다리고 있다.

이제 해동선원은 전국에서 찾아오는 참선 수행자들로 붐비고 있다. 특히 이 곳에는 부처 뽑는 수행도량이란 뜻을 가진 '선불장(選佛場)'이란 돌에 새긴 큰 글씨가 눈에 띠는데, 이는 큰스님의 필생의 불사(佛事)가 부처를 만드는 사업임을 암시하고 있다. 또 해동선원의 선방에 들어서면 입구에 스님이 직접 쓴 '산수도 세상선(山水道 世上禪)'이라는 글귀에는 "산과 물이 도요, 세상 모든 일이 선(禪) 아닌 것이 없다"는 스님의 평소 가르침이 잘 나타나 있다. 그래서인지 해동선원에서 정진하는 대중들은 특별히 고정된 '화두'를 받지 않는다. 각자가 자신의 마음자리에서 우러난 의문을 화두 삼아 참구할 따름이다. 이처럼 성수 스님이 인재불사(人才佛事)를 평생의 사업으로 여긴 것은 출가 후 세 가지 발원을 하며 살아왔기 때문이다.

첫째는 원효(元曉) 대사와 같은 도인이 되는 길이고, 둘째는 새 땅에 새 인재를 길러야 한다는 지론, 셋째는 나라를 구제할 사자 새끼를 기르는 일이 그것이다.

약간 20세의 혈기왕성한 나이에 이미 정진의 힘을 얻어 효봉(曉峰), 구산(九山), 인곡(麟谷), 청담(淸潭), 성철(性徹) 스님 등 당대의 쟁쟁한 선지식들을 당혹스럽게 했던 대장부이자 구도자의 사표인 스님은 여전히 대인(大人)의 기상을 보이고 계신다. 젊은 시절 물러서지 않는 구도심으로 당대의 고승과 치열한 법거량으로 탁마했던 스님은 구도자들이 찾아가 가르침을 청하면, 아직도 60년 전의 일을 어제처럼 이야기 할 정도로 탁월한 기억력으로 응대하곤 한다.

스님은 1923년 9월 2일 경남 울주군 삼동면 둔기리 상작마을에서 부친 이은영 씨와 모친 정묘심화 여사 사이에서 태어났다. 어려서 울산에서 살던 스님의 별명은 '햇노인' 이었다. 이미 서너 살 때부터 어른들하고만 가까이 하고 또래 아이들과 놀지 않았기 때문이다. 어른들에게 "원효 대사와 같은 도인이 되어서 사내 값 좀 하자"는 애기를 들으면 그리 구수하니 좋을 수가 없었다. 그런데 어른들 말씀이, "그런 대사를 만나려면 고기도 술도 먹지 말고 밥도 반 그릇 먹으면서 원을 세워야지 하루 아침에 되는 것이 아니다"라는 것이었다.

그래서 스님은 이미 다섯 살 때부터 열아홉에 출가할 때까지 고기와 술을 입에 대지 않았고, 밥도 반 그릇씩만 먹으며 도인을 만나려는 일념으로 살았으니, 꽤나 독특한 어린 시절과 청소년 시절을 보낸 셈이다.

손에 마디가 굵게 생길 만큼 일곱 살부터 밭 매고 나무하는 일을 하기 시작한 소년은 낮에는 일하고 저녁엔 노인들에게 도인들 이야기를 들으며 성장하면서 몇 번이나, 원효 대사와 같은 도인을 만나러 집을 나가려는 시도를 했다. 하지만 식구들이 말리는 바람에 주저앉아 있다가 19세가 되어서 선친이 작고하자 집을 나올 결심을 굳혔다.

그런데 문제는 맏형의 심한 반대였다. 4남매의 막내인 스님이 집을 나간다니 쉬이 허락을 하지 않았던 것은 당연한 일이었을 것이다. "아버지가 살아 계실 때 출가하지 않고 돌아가신 후 나가면 내가 이 동네에서 눈 뜨고 다닐 수 없으니 날 죽이고 가라"는 것이었다. 그래도 스님이 굽히지 않으니, 맏형의 말이, "각서를 쓰고 동네 어른들에게 도장을 받아오라"는 것이었다. 결국 스님의 고향 동네에 열세 명의 학자가 살았는데, 그분들을 찾아가 일일이 설명을 하고 도장을 받고 나서야 집을 나올 수 있었다. 어렵게 이뤄진 출가였지만, 단순히 스님이 되려고만 했던 것은 아니었다. 원효 대사 같은 도사를 만나 도를 배워 영웅이 되겠다는 순진무구한 생각이 오히려 컸다.

그런데 집을 나와 1년을 다녀도 그런 도사는 한 사람도 보이지 않았다. 형편없는 거지가 되어 전국의 절이란 절은 다 헤매고 다녔다. 스님은 도인다운 도인을 만나지 못해 한탄을 하면서도 도인을 꼭 만나고야 말겠다는 굳은 의지를 버리지 않고 만행(萬行)하던 무렵, 우연히 한적한 산속에 있는 법당(法堂) 앞에 다다랐을 때 "이 사람아, 내게 물으면 알려 줄 터인데 왜 통곡만 하는가?" 하는 부처님의 목소리를 듣고 눈이 번쩍 뜨였다.

그러나 부처님은 그 한 말씀 외에는 더 이상 말이 없었다. 스님은 바로 그 자리에 서서 사흘 밤낮을 꼼짝달싹 않고 두 입술을 꼭 다문 부처님을 향해 오직 도를 보여 달라고 애원했다. 스님은 몸과 마음이 뜨거운 열기로 가득 찬 채 "야, 이놈의 부처야 대자대비는 어디에 팔아먹느냐!"고 항의하며 생떼를 썼다. 그러자 부처님도 어쩔 수 없다는 듯 "내가 이것을 하고 있잖아"하고 살며시 미소를 지어 보였다. 이때 성수 스님의 굳게 닫혀있던 마음의 빗장이 활짝 열렸다. 그리고 49년 동안 부처님께서 설하신 팔만대장경(八萬大藏經)이 한 손아귀에 빨려 들어 온 것을 느꼈다고, 대중들이 모인 자리에서 다음과 같은 게송을 읊으며 회상한 적이 있다.

　청산녹수 노래하니
　더벅머리 총각놈이
　싱글벙글 춤을 추네.

이런 이상한 체험을 한 후 스님은 이 마을, 저 마을 쉴 새 없이 다녀보았지만 도인을 만날 수가 없었다. 그런데 어느 날, 지나는 스님을 붙들고 "도사 어디 없느냐?" 하고 물으니, "범어사에 가면 도사가 있다"고 했다.

스님은 귀가 번쩍 뜨여 범어사로 달려가 절 안에 들어서자 마자 고함을 질렀다.

"이 절에서 제일 큰 중 나와라."

서른 명은 족히 될 스님들이 달려나왔다.

그리곤 안하무인으로 그리 소리쳐 대는 총각을 끌어내려고 했다. 그러자 절 안이 떠들썩해서 그랬는지, 그야말로 큰스님(동산 스님) 한 분이 나와서 성수 스님을 떠억 쳐다보더니만 물었다.

"총각, 큰 중은 왜 찾았는고?"

스님은 즉시 고개를 들고 당돌하게 말했다.

"예, 제가 원효 대사 같은 도사를 만나려고 전국 절로 1년을 헤매고 다녀도 그런 도사는 제 눈에 한 놈도 안 보였습니다. 산 좋고 물 좋은 데에 고대광실(高臺廣室)을 지어 놓고 놀고 먹고 사니, 전국의 사람들이 모두 절로 와 놀고 먹고 살면 어느 놈이 시주를 가져다 주겠나 이해가 안 갑니다. 그리고 전 국민이 다 여기 와서 놀고 먹으며 아이를 낳지 않으면 백 년 안에 우리나라는 황무지가 될 것입니다. 이 두 가지 문제를 오늘 저에게 납득시키지 않으면 몽둥이를 하나 들고 전국의 중들 다 때려죽이고 절들을 다 불살라 버리겠다는 각오가 서 있습니다."

아마도 웬만한 스님 같았으면 그러한 당돌한 어린 총각

의 말에 '이놈의 자식, 건방진 놈!' 하고 쫓아냈을 텐데, 그 날 동산 큰스님은 한나절이 지나도록 아무 말도 하지 않았 다. 아마도 어린 청년에게 어떻게 해볼 도리가 없어서 그 랬을 터인데, 성수 스님은 나름대로 그때 생각이 바뀌어 버렸다.

'에라, 이제 도사 찾기는 틀렸구나' 생각하고, "제일 큰 산이 어디 있느냐?"고 물었더니, "천성산이 제일 큰 산이 다"고 했다. 큰 산으로 들어가 풀만 먹으며 힘을 키워 영웅 이 되리란 생각이었다. 무나 풀만 먹고 사는 소가 온갖 짐 승을 잡아먹는 호랑이와 싸워서 이겼다는, 어릴 때 어른들 에게 들은 말씀이 생각났던 것이다. 지금 생각하면 웃음이 나는 이야기지만, 당시의 어린 총각은 호랑이를 잡아먹는 소 같은 영웅이 되려면 풀만 먹으며 살아야겠다는 생각이 었다.

이윽고 성수 스님이 내원사를 찾아가 "제일 높은 암자 가 어디냐"고 물으니 조계암이라고 했다. 밥도 제대로 먹 지 못한 채 1년을 돌아다녔으니 모양새는 형편없는 거지 였을 것이다. 그러나 마음은 도를 이루어 영웅이 되려는 일념으로 당당했고 정신은 또렷했으니 거칠 것이 없었다.

총각이 조계암에 이르러 "주장 대사, 주장 대사" 하고 부르니 성암(性庵) 스님이 문을 열고 나왔다. 암자의 주지를 하면서 수도하며 고생하고 살고 있던 은사 스님과의 만남이 그렇게 이뤄졌다. 비로소 진정한 출가의 길에 들어설 수 있는 인연이 성암 스님과 조우하면서 싹을 틔웠으니, 구도의 길에 있어 누구나 그러하겠지만, 스님 또한 스승을 그렇게 필연적으로 만난 것이다.

성암 스님은 열한 살에 속가에서 사서삼경(四書三經)을 떼고 한학에 능통하여 스물한 살에 출가한 분이다. 나중에 해방이 되어 통도사 회의에서 남방 제일 선원이라 일컬었던 내원사 주지를 임명할 만큼 신망이 두터웠고 실력이 출중했다. 내원사 주지 소임을 맡았을 때 논 240 마지기를 농사지으면서 70 여 명의 대중들과 오전 오후 두 시간 이상 일을 하고 살아, 그후 토지개혁 때도 토지를 뺏기지 않을 만큼 앞을 내다보는 안목이 있었다. 평소 일하면서 도를 닦아야 한다는 소신이 뚜렷했던 분이었다.

성수 스님은 스승의 문하에서 생활하는 중에 소화제를 사먹는 날에는 "저놈, 시줏밥 얼마나 먹었으면 소화제를 먹느냐"고 석달 열흘간 욕을 먹었다. 만약 낮에 어쩌다가 등을 방바닥에 대었다가는 "저놈, 뱀 봐라" 하며 석 달을 따라다닐 만큼 철저하게 제자를 가르쳤다. 일타 스님과 일각 스님도 성암 스님에게 글을 배웠는데, 당시 낮에 누워 있는 사람이 한 명도 없었다고 한다. 나중에 예순이 넘어 열반에 드실 때도 당신이 갈 것을 이미 알고 사흘 동안 공양을 물린 채 좌선을 하다가 곁에서 함께 좌선하던 성수 스님의 손을 잡고 돌아가셨다. 도인 중의 도인이었던 성암 스님이 스님의 출가의 문을 열어주고 정신을 다듬어준 스승이었던 것이다.

주장 대사를 찾으며 해후한 그날부터 정확히 1년 동안 성암 스님은 성수 스님을 그냥 내버려두었다. 스님은 스님 대로 일절 다른 것은 입에 대지 않은 채 여름엔 채식만 하고 겨울엔 가루를 낸 풀잎가루를 물에 타먹으며 나무를 해다 불을 때면서 지냈다.

그러던 어느 날, 성암 스님이 "여보게, 여보게" 하고 불러서 스님이 문을 열고 나가니 비로소 물었다.

"자네 뭐하러 여기 왔는가?"

"호랑이 잡을 영웅이 되려고 왔습니다."

"역대 영웅호걸치고 무식한 놈 없으니 글 한번 배워보게."

애초에 글을 배울 생각도 없었던 탓에 성수 스님이 "나는 그런 것 하러 온 사람 아니오"라면서 떠나려고 하니, 성암 스님이 한나절을 붙들었다. 스님은 글을 볼 생각은 손톱 만큼도 없었으나 남의 집에 1년을 살았는데 주인 어른의 말을 무시하기가 미안해서 "석자만 배우겠습니다" 하고 물러앉았다. 예나 지금이나 성수 스님의 고집이 그만큼 세었다.

성암 스님이 "아, 고맙구먼" 하시더니, 바로 『초심(初心)』을 가지고 와서 스님이 모르는 얘길 자꾸 해주었다. 스님이 잘 듣고 앉았으니까 "아, 이 사람아 석자만 더 배워봐" 하길래, 해롭지 않은 것 같아 또 석자 더 배우고 하다가 한 시간 만에 『초심』을 한 권 다 배웠다. 그리고 나서 한나절 시간을 주면서 배운 것을 외워 바치라고 해서 한나절만에 다 외워 바쳤다. 1년 동안 일절 간한 음식을 먹지 않았던 탓에 머리가 굉장히 맑았기 때문에 가능한 일이었을 것이다.

그런데 석 자만 배우겠다는 스님을 성암 스님은 다음날 또 불러 앉히고는 "한 권만 더 배워봐라" 하면서 『발심(發心)』을 내놓는 것이 아닌가. 그렇게 비로소 속복을 입은 채 결코 평범하지 않은 스님의 행자생활이 시작되었던 것이다. 스무 살 때의 일이다.

성수 스님은 『초심』을 하루 만에 다 배우고 외우자, 『발심』을 내놓은 스승에게 붙들려 나머지 『자경문(自警文)』까지 사흘 만에 다 배우고 외워바쳤다. 그랬더니 스승은 더 나아가 49일 만에 『초발심자경문(初發心自警文)』을 십만 독(讀)을 할 것을 명했다.

아마도 오랜 전생의 인연이었으리라. 세 글자만 배우고 떠나리라던 결심은 이미 사라지고, 스님은 스승의 명을 받들었으니 말이다. 첫날부터 신명을 내어 큰소리로 읽으니 스님께서 "절이 시끄러워서 안된다. 속으로 외워라" 하셨다. 그런데 속으로 외우니 더 잘 외워졌다. 일념으로 49일 만에 책 세 권을 10만 독 해서 외워바치니 스승도 스님의 총명함에 놀라지 않을 수 없었다.

행자 시절에 『초발심자경문』을 자나 깨나 외운 탓인지, 스님은 처음 출가할 당시나 지금이나 불도를 닦는데 가장 중요한 것은 '발심(發心)'임을 강조한다. 이 선은 어떻게 닦아야 하는지, 불도는 왜 닦아야 하는지, 또 누구를 위해서 닦고 무엇 때문에 불도를 닦는지, 처음 발심할 때의 간절함과 깊이가 평생의 수행을 좌우하기 때문이다.

"발심을 왜 하며 불도는 왜 닦아야 하는지, 또 누구를 위해서 닦고 무엇 때문에 불도를 닦는지를 우선 생각해야 합니다. 그리고 숨을 들이쉬고 내쉬기 전에 해결하겠다는 단호한 결심을 가지고 불도를 닦아야 합니다. 우물쭈물 미루다 보면 수만 겁이 지나도 불도와의 거리가 멀어질 뿐입니다. 그래서 발심이 중요한 것입니다. 발심을 하고 나면 '쇠뿔을 단김에 빼라'는 속담처럼 '크게 분한 마음[大憤心]'이 필요합니다. 부처님이 '찰나간(刹那間: 매우 짧은 시간)' 혹은 '여반장(如反掌: 손바닥 뒤집기)'이라 말한 것도 이를 두고 한 말입니다. 불도는 익혀서 연습하는 게 아니고 '이것이냐' 혹은 '저것이냐'를 일도양단하는 것입니다. 불도를 깨우치는데는 말과 생각만으로 되는 것이 아닙니다. 일초도 늦추지 말고 용기와 분심을 내어 수미산(우주의 중심에 있다는 산)을 뛰어넘어야 비로소 불도의 맛을 조금 알 수 있을 것입니다."

성수 스님은 많은 사람들이 입으로는 발심한 척 하지만

행동은 엉뚱한 곳으로 흘러버리는 요즘 세태를 단호히 나무라신다. 진정한 발심 없이 자비문중에 들어온 사람이 아무 생각 없이 받은 화두를 자다 먹는 떡과 같이 아무 맛도 모르고 자리나 지키며 세월만 보내는 것이 너무나 안타깝다는 말씀이다. 교리나 화두라고 하는 것은 달을 가리키는 손가락에 불과한 것이다. 달을 보도록 노력해야지 손가락만 보고 있으면 아무 소용이 없다. 손가락에 가려진 달을 보지 못하니 한평생 고민하고 병만 들어 일생을 망칠 뿐이다. 여기에 자기 병도 제대로 모르는 선지식에게서 화두 아닌 화두를 받아 쥐고 일념병(一念病)에만 사로잡혀 있으니, 일생은 고사하고 수만 겁을 지나도록 깨달음을 얻을 수 없다고 거듭 말씀하신다. "3일만 애써 닦아도 생사해탈하는데, 석달이나 닦은 마음에 조금도 얻은 바 없네[三日修道 生死解脫 三月修心 小無功得]"라는 『초발심자경문』의 내용을 즐겨 암송하시는 것도 이때문이다.

보통 사람들은 감당하기 힘든 『초발심자경문』 10만 독 수행을 성수 스님이 원만히 회향하자, 스승은 무엇을 감지했는지 이번에는 "너는 부처와 인연이 있다. 그러니 나와 함께 부처님 앞에 가서 100일 동안 절하자" 하시는 게 아닌가. 그리 말하곤 스승은 속복을 입은 채인 스님을 위해 암자를 내놓고 정선 갈래사 적멸보궁으로 함께 갔다. 그곳에 가서 스님과 함께 부처님께 100일 동안 절하고 나서 해제(解制)를 했는데, 스승은 다시 그 너머 원효 대사가 머물렀던 토굴터로 데리고 가더니 양기(陽氣)가 가득 서린 토굴 앞에서 말했다.

"네가 여기서 10년 살면 원(願)을 이룰 것이다."

그곳에서 그렇게 혼자 채식만 하고 기도를 드리며 보낸 세월이 3년쯤 되었을 때다. 약초를 캐러 올라왔던 동네 사람이, "해방이 되었는데, 왜 여기서 고생하고 있느냐?" 하는 것이었다. 성수 스님이 토굴에서 내려와 수소문 끝에 스승이 머물던 내원사에 찾아갔더니, 대뜸 하는 말씀이 "니, 잘 왔다. 내가 이곳 주지하려고 하니 네가 좀 거들어라" 하였다. 거기다 대고 성수 스님이 냅다 소리를 지르고 말았다.

"스님, 골치 아픈 절 주지 그만 하시고 스님 자신의 주지 좀 하시오."

당시 남방 제일 선원으로 일컬었던 내원사 주지로 있던 스승은 제자의 그 말에 아무 말도 안하고 있더니, 3일 만에 입을 열어 다른 말은 안하고 해인사 총림으로 가서 공부하라고 했다. 여전히 속인인 채로 있던 스님에게 당신이 입고 있던 옷을 벗어서 한 벌 입혀주고 가사 장삼과 걸망, 그리고 여비를 챙겨주었다.

　해방 후 총림을 만들어 전국의 스님들을 가르쳤던 해인사에는 효봉 스님이 방장으로 계셨고, 부조실에 인곡 스님, 도감에 구산 스님, 도총섭에 청담 스님이 자리를 맡아 있었다. 해인사에 찾아가 하룻밤을 자고 나자 지객(知客: 절에서 오고 가는 손님을 접대하고 안내하는 일) 스님이 도감인 구산 스님에게 스님을 데리고 갔다. 구산 스님이 스님을 보자 공양주를 하라고 했지만, 성수 스님은 감히 이렇게 말했다.

　"나는 그런 것 할 줄 모릅니다."

　"배워서 해라."

　"저는 도를 배우러 왔지, 밥하는 것 배우러 오지 않았소."

　구산 스님이 사흘을 달래며 종아리를 치기도 하고 달래도 스님이 말을 듣지 않자 청담 스님에게로 넘겼다. "중물 잘 들여라" 하며, 청담 스님이 사흘을 달래도 밥을 짓지 않으니, 이번에는 부조실인 인곡 스님에게로 넘겨졌다. 그러나 스님의 황소 고집을 인곡 스님인들 꺾을 수 있었겠는가. 결국 마지막에 방장인 효봉 스님에게로 인계되고 말았다. 잡혀가 꿇어 앉으니 효봉 스님께서 그러셨다.

"네, 이 놈. 하심(下心) 좀 해라."

그리 방장스님이 명령하면 꼼짝없이 공양주를 해야 할 텐데도 기고만장해서 고집을 꺾지 못하고 성수 스님은 그 말이 떨어지기가 무섭게 달려들 듯 소리쳤다.

"조실 큰스님께서 저 위에 상심(上心)을 가지고 이 밑에 하심을 하라고 해야지, 상심이 뭔 줄도 모르는 놈에게 하심하라고 하면 되겠습니까?"

성수 스님은 49일간 『초발심자경문』 10만 독을 해서 수행의 틀이 온전히 잡히면서 눈동자도 움직거리지 않을 만큼 집중되는 경험을 했었다. 그 뒤 3년 동안 채식만 하며 공부를 하고 나온 당시의 스님 눈에는 아무 것도 보이는 것이 없었으리라. 서너 시간 아무 말도 하지 않고 있던 효봉 방장스님이 스님에게 말을 놓지 않고 물었다. 방장스님의 나이 예순넷, 스님의 나이 스물셋이었다.

"수좌는 여기까지 왜 왔소?"

"도(道)를 배우러 왔습니다."

"도를 아요?"

스님이 또 달려들 듯 대꾸했다.

"도를 알면 저희 집에 있지 여기까지 왜 왔겠습니까?"

효봉 스님이 스님의 당돌한 말에 구애받지 않고 말했다.

"도는 7일 안에 해결지어야지 7일 안에도 해결하지 못하면 70년을 해도 안 되네. 그러니 7일 안에 도를 해결하지 못하면 조실(祖室: 큰스님이 머무는 방 또는 큰스님을 지칭) 주장자에 맞아 죽어도 실언하지 않겠다는 서약서를 쓰게."

방장스님께서 초안을 잡아준 서약서에 지장을 찍고, 성수 스님은 행자인 처지임에도 조실 시자 대우를 받으며 선방 좌복에 앉기에 이르렀다. 7일 만에 해결하지 못하면 맞아 죽기로 서약서까지 썼으니 얼마나 몸과 마음이 바빴겠는가. 사흘 동안 밥도 물도 먹지 않고 좌복에 앉아 악을 쓰며 얼굴이 벌개져 있으니, 입승이었던 서옹(백양사 방장 및 조계종 종정 역임) 스님이 밥을 가져와 입에 넣었으나 말을 듣지 않자 죽비로 엉덩이를 쉰 대를 때렸다. 그래도 먹지 않으니 지대방으로 끌어내 이불을 덮어 씌우고 네 귀퉁이마다 사람을 놓아 감시하게 했다.

그들이 조는 틈을 타서 스님이 살짝 일어나 선방에 들어서니, "저, 수좌. 쉬라고 했는데 왜 들어왔어?" 하는 입승 스님의 소리에 "이 자식아 네 걱정이나 해라" 해버렸다. 입만 벌리고 어이없어 가만 있었던 그 당시의 서옹 스님이 떠올라 스님은 미안한 마음에 2003년 12월 13일 서옹 스님 입적 이후 백양사에 세 번 다녀왔다고 한다.

젊은 성수 스님의 기고만장함은 이에 그치지 않았다. 그후론 "이 놈의 새끼 도(道)야. 날 죽일래, 살릴래. 빨리 나와라" 하며 고함을 질러댔다. 하지만 그리 고함을 질러도 열 명이 넘는 수좌들이 입도 손도 대지 못했다. 그렇게 엿새가 지나자, 성수 스님은 펄펄 끓던 열이 쑤욱 내려가고 시원하게 의문이 해소되는 경험을 했다. 그 때의 마음 경계를 스님은 이렇게 노래했다.

보이는 물질이
곧 해인이요

들리는 소리가
곧 장경이로다.

'무자 화두'를 참구하다, 한 경계를 체험한 성수 스님은
점검을 받기 위해 효봉 방장스님께 갔다.

"도를 가지고 왔습니다."
"그건 아닐세."
"성수 내 것은 아닌 것이 도이거니와 효봉 네 것 내놓으
시오."
"그러면 못쓰네."
"여기 쓰고 못쓰고 자시고 할 것이 어디 있소?"
그러면서 성수 스님이 쏟아놓은 게송은 이랬다.
"천하의 만물은 무비선(無非禪: 선 아님이 없으며)이요,
세상만사는 무비도(無非道: 도 아닌 것이 없다)라."

그래놓고는 하루에 열 번씩 들락거리며 방장스님의 멱
살을 잡고 '당신 것 내놓으라'며 호기를 부렸다. 스님 젊
은 날의 그 시절은 죽기로 작정하고 공부했으니 위험한 사

자 새끼나 마찬가지였을 것이다.

그리 덤비고 설치고 부시대며 가만 있지 못하고 안하무인에 호기를 마음껏 부렸던 스님이, 나름대로 눈이 쑥— 내려가서 체계가 서고 눈이 똑 떨어진 것은 봉암사 결사에 잠시 참여했다가 해인사로 다시 돌아와 효봉 스님을 뵙고 난 후였다. 수좌들 가운데 제일 점잖은 효봉 스님에게 욕을 하고 항의하다가 두 번째 다시 만나면서 철이 들었고 그뒤에는 입을 다물고 살았다. 방장스님의 방문 앞을 지날 때면 "고맙습니다" 하고 절을 하면서 지나갔는데, 그때 공손히 하던 절이 몸에 배서 언젠가 성수 스님이 절을 하는 것을 보고 신도 한 사람이 특이하다고 했다. 절이란 한 자리를 해도 천 자리, 만 자리 하는 것보다 낫게, 부처와 뜻이 척— 통하고 부처를 그대로 활불로 보고 성의와 정성이 든 절을 해야 한다는 게 스님의 지론이었기 때문이다.

공부하는 수좌는 서른 전에 공부 되게 해가면서 그리 까불어야지, 나이 들면 그리도 못한다고 했다. 스님은 강원엔 문턱에도 안 가고 그리 부시대고 설쳐대다가 3년 뒤 해인사에서 계를 받고 결코 평범하지 않은 행자시절을 마감했다. 스승을 잡아먹겠다는 용기로 팽배했던 추억 많은 시

성수性壽 대종사 선어록 47

절이었다. 이러한 구도의 과정을 겪고 난 이후에 성수 스님은 비로소 효봉 스님의 한없는 은혜를 헤아리고 몸 둘 바를 몰라 했다. 고집스럽기만 했던 그의 구도자세는 막을 내리고 만사에 감사하는 마음을 갖게 됐다.

역대 스님들 가운데서도 찾아보기 힘들게 독특한 구도의 길을 걸어 온 스님은 그 뒤에도 15년 동안 제방의 선사들 사이에 알려진 분이면 분별하지 않고 천 리 먼 길도 찾아다니며 탁마하는 노력을 기울였다. 이때 문전걸식(門前乞食)은 물론이요 때로는 토굴에서 혼자 앉아 오직 정진에만 몰두하기도 했다. 또한 대중 속에 뛰어들어서도 용맹정진을 계속하는 등 구도의 한 길로만 평생을 살았다. 시련의 연속 속에서 스님은 선가의 대덕스님들이 산전수전 다 겪은 일화를 이해하게 되었고 난생 처음 지 · 수 · 화 · 풍(地水火風) 사대(四大)에 대한 고마움을 뼈져리게 느끼며 이런 게송을 읊기도 했다.

우주의 지수화풍 4대 가운데
하나만 무너져도 우주와 인류는 한꺼번에 사라지니
4대가 흩어지면 과연 너는

어디에 있는가.

이때부터 성수 스님은 과거에는 좀처럼 떠오르지 않았던 옛 조사들의 말씀이 생생하게 들려오고 불, 바람, 새 소리가 무진장의 법(法)을 설하고 송백고목(松栢古木: 소나무와 잣나무 등의 고목)이 팔을 흔들고 고개를 끄덕이며 춤을 추는 모습을 환하게 인식할 수 있는 경지에 이르렀다.

그렇다면 '천하의 만물은 선이 아님이 없고[無非禪], 만상은 도 아님이 없다[無非道]'라는 깨달음을 얻기 전의 '산과 물'과 깨닫고 난 후의 그것은 무엇이 달라보였을까. 스님은 "마음의 문이 척 열리고 보면 천하 만물이 선(禪) 아닌 것이 없고, 세상의 만 가지 일들이 다 도(道) 아닌 게 없다"고 말했다.

"눈을 뜨고 보면 나무와 돌도 도(道)를 알려주고, 밥솥도 도를 알려주며, 발길에 차이는 게 모두 도 아닌 것이 없습니다. '선법(禪法)을 스스로 터득[自得]하니, 산은 산이요(山山) 물은 물로다(水水).' 산수 이대로가 선이지, 선에 무슨 다른 도리가 있는 줄 알면, 경계에 착각을 일으키게 됩니다. 선(禪)은 산상(山上)의 돌(石頭)과 같고, 산상의 고목(古木)과 같습니다."

그러나 수행의 과정은 견성으로 끝나는 것은 아니다. 오히려 견성은 불·보살의 입문단계일 뿐이라고 한다. 성수 스님은 '성품을 본 뒤'의 오후(悟後) 수행이 더 어렵다고 하시고, 선지식을 만나는 것이 구도자에게 절대적인 공부 과정이라고 하신다. 집을 지으려면 목수를 찾아야 하고 글을 배우려면 학자를 찾아야 하듯이 식음을 전폐하듯 하고 도를 닦으려면 명안종사(明眼宗師; 진리에 눈뜬 스승)를 친견해야 한다는 것이다.

"생사 자재한 법을 구하기 전에는, 애간장이 녹을 듯 정진하여 '무애춤을 춘(初見性)' 뒤에 눈 밝은 선지식에게 물어서 실오라기 만큼도 헛점이 없도록 해야 합니다. 또 서둘러서도 안됩니다. 첫 단계부터 차근차근 밟아야 합니다. 묻지 않고 가다가 한 발만 헛놓으면 끝없는 지옥에 빠지기 일쑤입니다. 산은 갈수록 높고 물도 갈수록 깊습니다. 도를 안 뒤가 더 어렵습니다."

깨달음 이후의 수행의 단계란 과연 어떤 것일까. 견성 근처에도 못가본 중생에겐 멀기만한 이야기지만, 스님은 이를 자연에 비유해서 말씀해 주신다. 즉 식물의 씨가 삼일, 오일, 칠일 안으로 대개 싹이 트듯이 참선하는 사람도 그 동안에 눈은 뜨지만, 실은 견성 다음 즉 오후가 더욱 더 어려운 것이라고 말한다. 싹이 튼 씨는 물보다도 연한 그 촉이 굳은 땅에 발을 내려 잎이 나오면 선지식이라 하고, 그 속에서 줄기가 나오면 조사라 하고, 꽃이 피면 보살이라 하며, 열매가 익으면 성불이라 하는 것이다. 불과를 증득하는 과정도 1지(一地), 2지, 3지, 내지 10지, 등각(等覺), 묘각(妙覺), 대각(大覺)의 순서를 하나도 빼놓아서는 안된다는 것이다. 성수 스님은 이렇게 어렵고 여러운 수행의 여정을 걷는 수행자들에게 사자의 울음과도 같은 법문을 토한다.

"불자들이여, 내가 구도자라는 이름을 가졌으면 속히 눈밝은 선각자를 찾아가서, 생사에서 해탈하는 법을 배우는 데 전심전력하여, 생사장야(生死長夜; 기나 긴 어둠과도 같은 생사의 윤회)의 긴 꿈을 깨어라."

스님은 간절하게 도를 구하는 수행자들에게 『화엄경』의 선재동자가 53명의 선지식을 찾아다니는 것처럼 '눈밝은 종사'를 찾아 그 지도를 받아 부지런히 공부해야 한다고 당부한다. 씨앗이 눈을 뜨고 딱딱한 땅에 뿌리를 내리는 과정에는 어느 정도의 시간이 걸리는 것과 같이 수행의 과정 역시 오랜 시간과 한결같은 정성이 필요하다는 것이다. 막연하게 수행을 시작하고 남의 다리만을 긁는 채 그 결과를 기다리는 우매한 사람들을 얼마나 많이 보았던가.

스무 살도 안된 나이에 갓 출가했을 때 당대의 대강사인 운허 큰스님에게 '불살생(不殺生)'의 뜻을 묻고, "살아 있는 것을 죽이지 않는다"는 풀이에 맞서, 그 뜻을 "죽지 않게 사는 것이라고 풀이해야 부처님의 말씀에 더 가깝다"고 말해 좌중의 스님들을 놀라게 했다는 성수 스님. 스님은 부처님의 근본사상이 '생사에 자재하는 법(生死自在法)'이라고 단호하게 말한다. 팔만대장경의 내용은 '생사해탈법', '생사자재법'이라고 해도 과언이 아니라는 것이다. 때문에 스님은 "절은 늙어죽지 않는 법을 가르쳐주는 곳이요, 참선은 영생불멸하는 진리를 참구하는 것"이라고 한다. 그러나 학문은 익혀야 되고 기술은 연습하는 것이지만, 진리는 연습하고 익혀서 되는 게 아니다. 업(業)이 녹아야 참 사람이 되고 부처가 되는 것이다. 눈을 뜨고 열심히 정진하는 수밖에 다른 방도가 없다.

결국 생사에 걸림없는 법을 깨닫기 위해서는 참선을 해야 한다. 그렇다면 '선'이란 무엇일까? 이에 대해 성수 스님은 '선은 무한대의 진리'라고 말한다. "나는(生) 것도 아니요, 죽는 것도 아니며, 영생불멸이다. 과거도 아니요, 현재도 아니며, 미래도 아니다. 부처의 것도 아니요, 중생의 것도 아니다. 범부의 탐진치(貪瞋痴) 삼독(三毒)만 무너지면, 그 시간부터 선이다." 어렵지도 쉽지도 않은 참선의 길을 성수 스님은 대도무문(大道無門: 큰 도는 문이 없기에 통하지 않는 곳이 없다)의 도리로 완곡하게 일러주고 있는 것이다.

1923년 경남 울주에서 태어난 성수 스님은 44년 부산 내원사에서 성암 스님을 은사로 득도, 48년 부산 범어사에서 동산 스님을 계사로 구족계를 수지했다.

67년 조계종 총무원 포교부장과 조계사 주지를 역임했을 때, 성수 스님은 평소 수행자로서의 면모를 뛰어넘어

활달한 포교로 불교계를 놀라게 했다. 스님은 조계사 주지를 맡은 뒤 당시 서울시장이었던 김현옥씨를 찾아가 "경상도 무지랭이 일좀 해 봅시다"라며 신도회장을 권하기도 했다. 김 시장이 "서울시장이 신도회장 할 일이 뭐요?"라고 하자, "당신이 신도회장 해야 17개 구청장을 부회장으로 끌어올릴 것 아니요"라고 했다. "그건 맞소"라는 대답으로 서울시장을 조계사 신도회장에 앉혔다.

그해 부처님오신날 스님은 3만개의 빵을 구해 서울시내 111개의 양로원에 수용돼 있는 8천700여명의 노인들과 종사자들에게 1만개를 나눠주고, 1만개는 조계사를 찾는 신도들에게, 나머지 1만 개는 서울역 행인들에게 나눠주었다. 스님은 초파일, 석탄절, 불탄절 등으로 불리던 부처님 탄생일을 순 우리말인 '부처님오신날'로 통일하는데도 앞장섰다.

스님은 1968년부터 1972년까지는 범어사, 해인사, 고운사 주지를 역임했으며 1978년 일본에서 열린 세계불교지도자대회 한국 대표로 활동하기도 했다. 1981년에는 조계종 총무원장이 되어 10.27 법란으로 혼란스런 종단을 수습하는 역량을 보여주었다. 조계종 원로회의 의원으로서 경남 함양 황대선원, 산청 해동선원, 서울 법수선원의 조실로 주석하며 출·재가 구분없이 바른 수행을 지도해온 스님은 2004년 종단 최고 품계인 대종사(大宗師) 법계를 받았으며, 2005~08년에는 종단 스님들에게 계를 주는 전계대화상을 역임하기도 했다.

우주를 삼키는 사자 같은 대인의 기상과 힘들고 가난한 불자들을 한없이 자상한 미소로 감싸주던 대승보살의 자비심을 함께 보여주셨던 성수 큰스님은 2012년 4월 15일 오전 6시께 경남 양산 통도사 관음암에서 입적했다. 영결식과 다비식은 19일 통도사에서 원로회의장으로 엄숙하게 봉행됐다. 법랍 69세, 세수 89세.

세상선世上禪
산수도山水道

2.
선문답

선·악을 초월한 도리

성수 스님이 범어사에서 상당법문(上堂法門) 할 때 한 스님이 물었다.

"부처님은 왜 악한 일을 못하게 하셨습니까?"

"우리 부처님은 선·악을 말하지 않았거늘, 그대는 선·악에 묶여있구나."

성수 스님이 이렇게 답하자, 그가 절을 하고 물러가려 하므로 스님이 다시 말했다.

"우리 부처님의 교훈은 선·악을 초월한 도리를 일러주신 것인데, 중생은 모두가 선·악에 말려 들었으니, 이것은 많은 병중의 하나니라."

🌸 사족

불자들은 수행을 악에서 선으로, 번뇌에서 보리로, 중생에서 부처로 나아가는 것이라는 선입견을 갖고 있다. 위에서 질문하는 스님도 아직 선과 악을 분별하는 단계에 머물고 있다. 선(禪)은 악행을 권하는 것도, 선행을 하지 말라는 것도 아니다. 선과 악을 동시에 초월하라는 것이다. 선과 악에 대한 오래된 분별심에서 벗어날 수 있다면, 자연스럽게 악행을 멀리하고 선행을 쌓게 된다. 악행을 멀리하고 선행을 닦는 것이 자연스러운 성품에서 발현되어야 한다. 사람의 참다운 성품은 선과 악이 벌어지기 이전의 마음자리이기 때문이다.

선도 생각하지 말고 악도 생각하지 말라(不思善不思惡)
바로 이러한 때, 어느 것이 상좌의 본래면목인가(那箇是上座本來面目)?

-『육조단경』-

이글은 6조 혜능(六祖慧能·638~713) 스님이 견성 후에 처음으로 한 법문이다. 오조홍인 스님의 법과 의발(衣鉢: 전법을 증명하는 가사와 발우)을 전해 받고 야반도주(夜半逃走)를 하는 도중에, 의발을 뺏으려고 뒤쫓아온 도명 스님을 만났을 때의 일화다. 노 행자(혜능 스님이 삭발하기 전, 노씨 성을 따서 부른 명칭)는 홍인 스님에게 받은 가사와 발우를 바위 위에 올려놓고, 도명 스님에게 가져가라고 하였다. 그러나 의발은 꿈쩍도 하지 않는다. 이에 도명 스님이 깜짝 놀라며 감화를 받고 노 행자에게 법을 청한다. 이 법문은 이렇게 해서 세상에 나오게 된 것이다.

혜능 스님의 법문은 사람의 본성이 선도 악도 아님을 암시한다. 선과 악의 양변(兩邊)을 떠났을 때 우리들의 본성인 본래면목을 만날 수 있다는 가르침이다. 선도, 악도 생각하지 않을 때의 자리가 '본래의 얼굴(本來面目)'이자 깨달음이며, 진리이자 열반이다. 따라서 수행자는 선과 악은 물론이요 옳고 그름, 아름다움과 추함, 길고 짧음, 중생과 부처, 번뇌와 보리 등등 온갖 대립 개념에 대해 분별심을 쉬는 공부를 해야 한다. 이 분별심을 내려놓는 공부가 선의 첫 관문이기 때문이다.

지극한 도는 어렵지 않다. 오직 간택을 꺼릴 뿐이다(至道無難 唯嫌揀擇)

사랑하고 미워하는 분별심만 없다면 통연히 명백해 지리라(但莫憎愛 洞然明白).

털끝만큼 차이가 있으면 하늘과 땅만큼 사이가 벌어진다(毫釐有差 天地懸隔)

지금 바로 체득하고 싶다면 순과 역을 두어서는 안된다(欲得現前 莫存順逆).

-『신심명』-

3조 승찬 대사는 『신심명』에서 지극한 도는 어렵지 않으며, 다만 시비·분별심을 쉬면 된다고 말하고 있다. '다만 간택을 꺼릴 뿐'이라고 할 때의 '간택(揀擇)'은 온갖 시비·분별하는 망상이자 번뇌를 가리킨다. 사람은 누구나 사량(思量: 헤아림)하고 분별하는 가운데 살아갈 수밖에 없지만, 도를 닦는 수행자들은 이러한 취사·선택하는 마음을 당장에 쉬어야 한다. 통연히 명백한 그 자리는 선과 악, 옳고 그름, 사랑과 미움이 일어나기 전의 자리이기 때문이다.

한 생각이 일어나기 전의 그 자리를 선에서는 무념(無念)이라고 표현한다. 언제 어디서나 걸림없이 자유로운 삶을 살기 위해서는 온갖 분별·망상을 내려놓고 무심(無心)하게 살아가는 자세가 전제되어야 하는 것이다. 생사의 고통에서 벗어나 해탈하려는 수행자에게 있어서는 더욱 말해서 무엇하랴.

기독교의 『성경』에서 최초의 인류인 아담과 하와는 뱀의 유혹에 빠져 하느님이 따먹지 말라는 선악과(善惡果)를 따먹고 에덴동산에서 쫓겨나고 만다. 이로부터 원죄(原罪)를 지은 후세의 인류는 완전한 자유와 행복을 망각한 채 온갖 생로병사의 고통을 받을 수밖에 없는 불완전한 존재로 전락했다는 신화(神話)이다. 여기서 먹으면 선악을 알게 된다는 선악과 나무의 열매는 선과 악을 나누는 분별심에 해당한다. 옳으니 그르니, 좋으니 나쁘니, 아름다우니 추하니 하는 분별과 선택, 그로인한 애착(愛着)이 일어나는 순간, 우리는 에덴의 동산에서 고통의 광야로 들어서고 만다. 선도 악도 생각하지 않을 때, 우리의 본래면목이 무엇인지 찾는 것이 에덴의 동산으로 되돌아 가는 자유와 행복의 길이 아닐까.

툭 하면 호박 떨어진 줄 알아야

어느 날 한 스님이 범어사로 와서 '불조(佛祖: 부처님과 달마 조사)의 뜻'을 물었다.

이에 성수 스님이 "이 향이다" 라고 하니, 그 스님은 막막한 듯 했다.

성수 스님이 다시 그에게 말했다.

"향과 불조가 다르지 않느니라. 불조의 뜻이 격(格) 밖이라 하니 무슨 뾰족한 수가 있는 줄 알지 마라. 툭하면 이미 호박 떨어진 줄 알아야 남이 밥을 먹을 때 겨우 죽이라도 먹거니와, 그것도 못하면 무슨 도(道)를 알 수 있겠느냐. 냉수나 먹어라."

님은 또 이렇게 일러 주었다.

"아불(我佛: 우리 부처님)의 격외도리(格外道理: 논리를 초월한 도리)란 현실 밖에 도가 따로 없는 것인데, 이상야릇한 별 수가 있는 줄 아니 병이로다. 알음알이 지해(知解: 알음알이)에 끌리지 말고 경계에 팔리지 말라. 자칫하면 십종(十種) 지해병이 되기 쉬우니 각별히 조심하라."

스님이 다시 송(頌) 하시길,

물질과 진리가 둘이 아니건만 각기 따로 찾으니
무슨 수로 항차 십만 팔천리 밖을 겨눌까 보냐.

🌸 사족

한 스님이 질문한 '불조(佛祖)의 뜻'이란 '불법의 도리가
무엇인가'를 묻는 말이다. 바꾸어 말하면, '깨달음이란 무엇
인가', '부처란 무엇인가' '달마가 서쪽에서 온 뜻은 무엇인
가?' 등과 같은 질문이다. 불법의 근본 도리를 묻는 수좌들
의 이런 질문을 보통 '조사서래의(祖師西來意)'라고 한다.

여기서 조사란 달마 대사를 이르는 말이다. 달마 대사는
석가모니 부처님 이후 29대 조사로 중국에 불법을 전하였
고, 문하에 많은 도인을 배출하였다. 그가 전한 불법은 경
전을 통하지 않고 전해진 법으로 '교외별전(敎外別傳)'이
라 하며, 이 불법을 밝히려는 데에서 많은 공안(公案: 화
두)이 나왔다.

'조사서래의'를 묻는 공안 중 가장 유명한 것은 조주(趙
州: 778~897) 스님의 화두일 것이다. 한 수좌가 "조사가

서쪽에서 온 뜻이 무엇이냐"고 묻자, 조주 스님은 "뜰앞의 측백나무(庭前栢樹子: 한국에서는 잣나무로 부름)다" 라고 대답하였다. 수좌가 알아듣지 못하고 다시 묻자, 조주는 "뜰앞의 측백나무이다"라고 같은 대답을 하였다. 이 문답에서 유명한 '정전백수자' 화두가 나온 것이다.

이와 마찬가지로 "불조의 뜻이 무엇입니까?"라는 질문에, 성수 스님은 "이 향이다" 라며 눈에 보이는 가까운 대상을 가지고 대답하고 있다. 조주 스님이 눈앞에 보이는 뜰앞의 측백나무를 가지고 대답한 것과 유사하다. 그러자, 무엇인가 고상한 답변을 기대했던, 수좌는 순간 당황하고 만다. '불법이 곧 향'이라니? 여기서 의문을 해결하지 못한 이 수좌에게 '이 향이다' 라는 말은 '정전백수자'와 같은 화두의 역할을 하게 된다. 물론 질문자의 진리를 깨닫겠다는 간절한 발심과 선지식에 대한 진실된 믿음이 전제되어야 강력한 의심을 함축한 화두로서의 기능을 하게 된다.

성수 스님은 막막해 하는 이 수좌를 위해 거듭 친절하게 설명까지 해준다. 스님은 "불조의 뜻이 격식(格式) 밖이라 하니 무슨 뾰족한 수가 있는 줄 알지 말라" 고 자비심을 베푼다. 게다가 "알음알이 지해(知解)에 끌리지 말고 경계에 팔리지 말라"고 노심초사 하며 거듭 당부하고 있다.

여기서 격외도리(格外道理)란 언어나 문자로 의논할 수 있는 이치를 초월한 도리를 말한다. 수행자들은 1천7백 가지나 되는 대표적인 조사 공안을 이해하기 어렵기 때문에, 격외도리에 대해 특별한 의미를 부여하거나, 경외심을 갖기도 한다. 그래서 선지식들은 격외도리에 뭔가 특별한 것이 있다고 생각하는 분별·망상을 여지없이 차단해 주는 것이다.

그러나 이런 공안들이 수행자 자신의 문제로 와 닿지 않을 때는 결코 화두로서의 역할을 하지 못한다. 그래서 화두에는 사구(死句)와 활구(活句)가 있다고 한다. 죽은 말이 아닌 살아있는 말 즉, 물러설 수도 피할 수도 없는 절체절명의 자기 문제로 다가 왔을 때 화두가 되는 것이다. 수행자가 문답이나 좌선 수행을 하다가 더 이상 나아갈 수 없는 은산철벽(銀山鐵壁)에 부딪혔을 때, 선지식이 학인에게 격외도리의 공안을 거량하여 번뇌와 망상을 한 순간에 벗어나게 하는 것이 바로 선문답이다. 물론 문답을 통해 깨닫지 못한 학인은 다시 문답의 내용을 화두로 삼아 의심할 수밖에 없다. 이것이 간화선 공부의 특징인 셈이다.

성수 스님이 막막해 하는 수좌를 향해 "냉수나 먹어라" 라고 던진 말도 일종의 화두라고 볼 수 있다. 이는 조주 스님의 '끽다거(喫茶去: 차나 마셔라)' 화두와 유사한 문답 구조를 갖고 있다. 조주 스님은 '차나 마셔라' 라는 말로 많은 선승들을 깨우치게 했는데, 한 문답의 예는 이러하다.

한 승려가 도착하자, 조주 선사가 물었다.
"여기에 처음 왔는가, 아니면 온 적이 있는가?"
"온 적이 있습니다."
"차나 마시게."
조주 스님이 또 다른 승려에게 같은 질문을 하니, 그가 "온 적이 없습니다" 라고 하자, 조주 선사는 또 "차나 들게" 라고 하였다.
뒤에 원주(院主: 절의 사무를 주재하는 사람) 스님이 의심이 나서 조주 스님에게 물었다.
"왜 온 적이 있다 해도 차를 마시라 하고, 온 적이 없다 해도 차를 마시라고 했습니까?"
"자네도 차나 한잔 마시게."

-『조주록』-

진각국사 혜심(1178~1234) 스님은 「차 끓이는 샘물」이라는 글에서 "차를 끓여 마신 후에 상쾌함이란 쉽게 얻어지기 어려우니, 몸소 조주선을 시행해 보네"라고 하며, 차를 마시고 모든 집착을 떨쳐버리면 마음이 편안하고 즐거움이 온다는 도리를 드러내고 있다.

한편 성수 스님이 말하는 '십종 지해(10가지 알음알이)병'이란 '무자(無字) 십종병'과 같은 선병을 뜻한다.

무자 십종병이란 '조주 무자' 화두를 참구함에 있어서 가장 주의하여야 할 병통 열 가지를 말한다. 이는 조주 스님의 '무자 화두'가 모든 화두의 대표격이므로, 결국 이것은 일반적으로 화두참구에 있어서의 열 가지 병통을 말해준다 해도 무리가 없다. 그 내용은 전적(典籍)에 따라 약간의 차이가 있지만 다음과 같이 요약할 수 있다.

① 유(有)와 무(無)의 알음알이를 짓지 말라(있다거나 없다거나 하는 알음알이를 짓지 말라)

② 진무(眞無)의 무(無)로 생각지도 말라('없다'고 말한다고 해서 '참으로 없다'고 생각하지 말라)

③ 도리(道理)로써 이해하려고 하지 말라(이치나 그럴 듯한 논리로써 이해하려고 해서는 안된다)

④ 의근하(意根下)를 향해서 사량하고 계교하지도 말라(의식으로 생각하고 비교·분석하지도 말라)

⑤ 눈썹을 치켜올리고 눈을 깜박이는 데서 캐내려고 하지도 말라(선사들이 말 대신 동작으로 불법의 작용을 보여주는 데서 이해하려고 하지도 말라)

⑥ 어로상(語路上)에서 활계(活計)를 짓지도 말며(문자나 말에서 살아갈 방도를 찾지도 말라)

⑦ 일 없는 갑옷 속에 드날려 있지도 말라(마음이 편안하다고 일없는 경지에만 안주하는 무사선(無事禪)에 빠져서도 안된다)

⑧ 화두를 들어 일으킨 곳을 향하여 알려 하지 말라(화두를 들어 일으킨 곳에 무슨 깊은 도리가 있다고 여기지 말라)

⑨ 문자로써 이끌어 증명하지 말라(말 길이 끊어지고 마음 길이 끊어진 자리를 문자로 증명하려 해서는 안된다)

⑩ 어리석음을 가져다 깨닫기를 기다리지 마라(어리석게 깨달음을 기다릴 것이 아니라 지혜로써 지금 당장, 말 끝[言下]에 깨달아야 한다)

— 『간화결의론』 —

나무나 돌이 말할 때를 기다려라

한 스님이 범어사로 와서 '조사(달마)가 서역(西域: 인도)에서 온 뜻'을 물었다.

성수 스님은 이렇게 대답했다.

"그 뜻을 알고자 하거든 나무나 돌이 말 할 때를 기다려라. 진실로 알고자 하는 놈이면 보고 들을 줄 알 것이며, 허튼 생각으로 묻는다면 부처의 뱃속으로 들어가도 알기 어렵고, 불조(佛祖)가 진대지(盡大地: 대지가 다하도록)에 가득 해도 모를 것이니, 죽이나 먹어라."

🍵 사족

'조사가 서역에서 온 뜻'이란 '조사서래의(祖師西來意)', 즉 불법의 대의를 의미한다. '조사가 서쪽에서 오신 뜻'은 뒤집어 말하면, '달마 대사가 동쪽(중국)으로 간 까닭'과 다를 바 없다. 서쪽, 동쪽으로 분별하는 것은 보는 이의 입장에서 결정된 말일 뿐이다. 이 세상의 중심은 바로 내가 서 있는 곳이기 때문에, 중국 선종의 주연 또는 조연 배우들이 구지 '달마가 서쪽에서 온 뜻'을 물은 것일 뿐이다.

선(禪)에서는 시간과 공간을 창조하는 것을 '본래의 자기'로 본다. 그래서 참된 나는 가도 가는 바가 없으며, 와도 오는 바가 없다. 늘 있는 자리 그대로가 여여(如如)하기에, 부처님을 '여래여거(如來如去)'라 부르기도 한다. 이 여여의 자리는 나고 죽음도, 늘어나고 줄어듦도, 더럽고 깨끗함도 없다는 것이 선의 입장이다. 그래서 본래부터 완전하고, 본래부터 자유롭고, 본래부터 평화로운 자리이다. 그러나 망상과 집착의 무명(無明)으로 인해 스스로 속박되어 고통을 받고 살아가는 것이 범부의 삶이라는 것이다.

성수 스님이 "그 뜻을 알고자 하거든 나무나 돌이 말 할 때를 기다려라"고 한 것은 이러한 '본래의 자기(本來面目)'를 망각하고 달마가 서쪽에서 왔느니, 동쪽으로 갔느니 하며 알음알이로 따지고 있는 수좌를 일깨우는 말이다. 천년을, 만년을 기다린들 나무나 돌이 말할 날이 오겠는가? 밖으로 찾고 구하는 마음을 안으로 되돌릴 때, 달마 대사가 서쪽에서 오신 뜻도, 돌이나 나무가 말하는 도리도 깨닫게 된다.

이어 성수 스님이 "죽이나 먹어라"라며 경책을 내리고 있는 모습은 『무문관』 제7칙 '조주세발(趙州洗鉢)'의 한 장면을 연상하게 한다.

조주 선사에게 한 선승이 가르침을 청하며 말했다.

"제가 선방에 처음 왔습니다. 잘 지도해 주십시오."

"죽을 먹었느냐, 아직 안 먹었느냐?"

"죽을 먹었습니다."

"발우나 씻어라(洗鉢盂去)."

이때 그 선승이 깨친 바가 있었다고 한다.

그대는 온 개냐, 반 개냐?

하루는 한 미국인이 범어사에 주석(駐錫: 석장을 내려놓고 머묾)하고 있던 성수 스님에게 인사를 청해 왔다.

스님이 미국인에게 물었다.

"선생님은 몇 나라를 방문했습니까?"

"일곱 나라를 다녔습니다."

"일곱 나라 중에서 사람[覺者: 깨달은 사람]은 몇이나 보았소?"

"둘 반을 보았습니다."

다시 스님이 "둘 반은 누구 누구 입니까?" 라고 하니, 그는 독일과 영국에서 하나씩 보고 반은 자기 자신이라고 말했다.

그 말에 성수 스님은 "반은 반만을 볼 수 있지, 온 개는 볼 수가 없다"고 소리치니, 그가 안절부절 하지 못했다.

스님은 다시 "모든 중생은 각기 자기 분수대로 보고 있으니, 자기 분 외에는 볼 수 없나니라"고 하니, 그가 무릎을 꿇어 절을 했다.

스님은 마지막으로 "변속에 사는 미충(尾蟲)은 변 밖을 이해하지 못하고, 대지에 사는 중생이 물 속을 이해하지 못하듯이, 자기 분밖에는 이해할 수 없으니, 차나 마시고 가거라"고 타일렀다.

🌸 사족

이 문답에서 반 개는 범부를, 온 개는 깨달은 사람을 의미한다. 미국인이 일곱 나라에서 "둘 반을 보았다"고 말하자, 성수 스님은 틀렸다고 경책을 주었다. 왜냐하면 반 개는 온 개를 결코 볼 수 없기 때문이다. 범부는 오로지 범부의 눈으로 세상을 분별하고 사람을 판단하기에 깨달은 사람을 알아 볼 수 없다는 것이다. 이른 바 돼지 눈에는 돼지만 보이고, 부처 눈에는 부처만 보이기에, 마음의 눈이 반만 열린 미국인은 온전한 사람을 볼 수 없다는 가르침이다.

'돼지의 눈과 부처의 눈'에 대해서는 조선 왕조의 태조 이성계와 무학 대사의 대화 중에 나온 문답으로 잘 알려져 있다.

어느 날, 태조 이성계가 무학 대사와 담소를 나누다가, 웃으면서 농담을 던졌다.

"대사의 얼굴은 꼭 돼지 같이 보입니다."

그러자 무학 대사는 아무런 표정의 변함 없이, 이렇게 응답했다.

"예, 잘 보셨습니다. 소승의 눈에는 상감이 부처님같이 보입니다."

태조가 의아한듯 무학 대사를 바라보며 되물었다.

"아니, 나는 대사를 돼지 같다고 했는데, 어찌 날 보고 부처 같다고 하는거요?"

무학 대사가 말했다.

"부처의 눈으로 보면 모두가 부처로 보이고, 돼지의 눈으로 보면 모두가 돼지로 보이는 것입니다."

우리나라 속담에도 '개 눈에는 똥만 보이고, 도둑의 눈에는 도둑만 보인다' 고 했던가. 반만 눈을 뜬 사람에게는 반 개만 눈에 들어올 수밖에 없다. 우물 안 개구리가 우물 밖의 세상을 볼 수 없는 이치와 같다.

물론, 이 문답에 등장하는 '온전한 사람'은 참사람 즉, 무위진인(無位眞人)을 뜻한다. 이 무위진인은 어느 것과

도 비교할 수 없는 참사람, 차별없는 참사람, 어떤 상태에도 머물지 않는 사람, 어떤 모습에도 고정되어 있지 않은 사람, 형상도 없고 이름도 없고 색깔도 없고 소리도 없는 참사람이다. 즉 우리 본래의 면목이자 불성(佛性), 자성(自性), 주인공(主人公)을 의미한다.

중국의 임제(臨濟 · ? ~ 866) 스님은 『임제록』에서 "가는 곳마다 주인이요 머무는 곳마다 참되다[隨處作主 立處皆眞]. 바로 지금 여기일 뿐, 다시 무슨 시절을 찾는가[卽時現今 更無時節]"라는 유명한 어록을 남긴 바 있다. 우리가 처한 바로 지금 이 자리에서 날마다 주인이 되어 진실을 실현하는 삶, 그것이 참된 공부인의 삶이 아닐까.

'참사람 운동'을 펼친 바 있는 서옹(西翁 · 1912~2003) 스님은 『서옹연의 임제록(西翁演義 臨濟錄)』에서 참사람을 이렇게 정의하고 있다. "장하고 위대합니다. 모든 사람이 누구든지 본래로 차별 없는 참사람입니다. 이 참사람은 어떤 것입니까? 참사람은 눈 깜짝하지 아니하되 본래로 선과 악, 또는 이성을 초월하여 생사도 없습니다. 시간과 공간이 거기에는 존재하지 아니합니다. 근본원리라든가 신이라든가도 있을 수 없습니다. 부처도 없습니다. 여기에는 무한한 자기부정(自己否定)만이 지속합니다."

그러나, 이 '차별없는 참사람(無位眞人)'은 어떤 고정된 실체로 존재하는 것이 아니다. 임제 선사는『임제록』에서 참사람을 끝없이 초월하는 향상일로(向上一路)의 설법으로 수행자의 고정관념과 그릇된 집착을 박살내고 있는 것이다. 참사람 즉, 무위진인은 무엇이라 설명하는 즉시 어긋나고 마는, 언어와 형상, 시간과 공간을 초월한 자리이기 때문이다.

"그대들의 몸뚱이 속에 무어라고 이름 붙일 수 없는 무위진인이 있다. 그것은 그대들 면전에서 수시로 드나들고 있다. 아직 이것을 깨닫지 못한 사람은 스스로 체험할 수 있도록 살피고 또 살펴야 한다."

그러자 한 스님이 앞으로 나와 물었다.

"차별 없는 참사람이란 대체 무엇입니까?"

그러자 임제 선사는 단에서 내려와 스님의 멱살을 움켜잡고 소리쳤다.

"말해봐, 말해봐!"

그 스님이 뭐라고 말할까 망설이고 있을 때, 임제 선사는 그를 밀쳐 버리면서 이렇게 말했다.

"이 무슨 마른 똥막대기 같은 무위진인(無位眞人)인가?"

이렇게 말하고 그는 자기 방으로 돌아갔다.

-『임제록』-

나무 위의 새들이 분명히 도를 일러주건만

세계적인 종교·철학 박사가 종교의 진리와 철학의 원리를 지도할 수 있는 지식을 배우러 범어사로 찾아왔다.

이때 성수 스님은 "종교의 진리와 철학의 원리는 고사하고 자신의 생리학만이라도 알 수 있어야 비로소 질문할 자격이 있으리라"고 한 뒤 "저 나무야말로 전 인류에게 과학에서 철학에 이르는 모든 진리를 설명하고 있으니 어서 가보라"고 말했다.

그러나 그는 스님의 뜻을 몰라 우물쭈물하고 있었다.

스님은 다시 큰 소리로 이렇게 경책했다.

"저런 나무의 가르침도 알아듣지 못하면서 무슨 도를 배우겠다고 하는가? 선방에 가서 청소나 잘 하고 있으면 나무 위의 새들이 분명히 도를 일러 주건만, 눈 어둡고 귀 먼 소인이라 하는 수 없으니 냉수나 먹고 집에 가거라."

🌸 사족

종교가와 철학자는 물론이요 수행자의 오래된 선입견
은 진리란 고상한 것이어서 저 먼 곳에 따로 있는 것처럼
생각한다는 점이다. 그래서 '저 언덕(彼岸)'으로 가기 위
해 '이 언덕(此岸)'의 일상사를 포기해야만 하는 것처럼
착각하고 있다. 진리가 이 언덕에는 없고, 저 언덕에만 있
다면 그것은 반쪽짜리에 불과하다. 진리는 언제 어디서나
우리와 함께 존재하기에 우리 몸안에도, 저 창밖의 나무에
도 진리가 있다고 성수 스님은 설파하고 있는 것이다.

그러나 스님의 자비심에도 불구하고 그 종교·철학 박
사는 말귀를 못 알아듣고 있다. 여전히 고준한 법문으로 진
리를 설해 줄 것으로 청하고 있다. 이에 스님은 "저런 나무
의 가르침도 알아듣지 못하면서 무슨 도를 배우겠다고 하
는가?"라며 냉수 먹고 속이나 차리라고 경책을 주고 있다.

성철 스님은 "불교를 바로 알려면 바위가 항상 설법하
는 것을 들어야 한다"고 말한 적이 있다. 이른 바 '무정물
의 설법[無情說法]'을 알아들을 수 있어야 한다는 것이
다. 성철 스님은 "부처님뿐만 아니라 세상 모든 것이 과거

로부터 현재에 이르기까지 항상 설법을 하고 있다. 심지어 저 산꼭대기에 서 있는 바위까지도 법당에 계시는 부처님보다 몇 백 배 이상의 설법을 항상 하고 있다. 그뿐 아니다. 모양도 없고 형상도 없고 보려고 해도 볼 수 없는 허공까지도 항상 설법을 하고 있다.”(『마음에 새겨듣는 성철 큰스님의 법문』 중에서)고 말했다.

'무정설법'을 보고 들을 수 있으면, 온 세상에 설법 안 하는 존재가 없고 불사(佛事) 아닌 일이 하나도 없음을 알게 된다. 소위 '곳곳에 부처가 있고, 매사가 불공(佛供) 아님이 없다'는 말이다. 마음의 눈을 뜨고 보면, 눈만 뜨이는 것이 아니라 마음의 귀도 열린다고 한다. 눈으로 소리를 보고, 눈으로 소리를 듣게 된다는 것이다. 물론 이 도리는, 유정(有情: 생명체)에 대해 무정(無情: 무생물)이 존재하고 있다거나 물질에 대해 마음이 있다거나 하는 이분법적 사고, 즉 사량·분별심에 머물러 있는 한 깨치기 어렵다. 마찬가지로 보는 놈과 보이는 대상이 따로 있다고 여기는 한, 석가모니불이 입멸한 뒤 56억 7천만년이 되는 때에 다시 사바세계에 출현한다는 미륵불(彌勒佛)이 나타날 때를 기다려도 알기 어렵다고 했다.

일찍이 소동파(蘇東坡·1036~1101)는 위의 수좌처럼 '무정설법'에 대해 깊이 의문을 품고 있다가, 어느 날 문득, 자연의 경치를 관조할 때 이 화두를 타파하고 다음과 같은 유명한 오도송(悟道頌)을 남긴 바 있다.

시냇물 소리는 부처님 설법으로 들리고(溪聲便是長廣舌)

산을 보아도 청정법신으로 보이니(山色豈非淸淨身)

하룻 밤 사이에 8만4천 법문을 깨달았도다(夜來八萬四千偈)

다른 날 이 도리를 어떻게 남에게 일러 주겠는가(他日如何呈似人).

물질은 밤 · 낮 도를 일러주건만

어느 날 한 수좌(首座: 참선하는 스님)가 범어사로 와서 물었다.

"스님! 부처님께서 일러 주신 도가 무엇입니까?"

그러자 성수 스님은 "저기 있어" 하고 옆을 가리켰다.

그러자 그가 옆을 보려하므로, 즉시 스님이 한대 치고 나서 큰 소리로 "이 놈아 여기 있어" 했더니 조금 수긍이 가는듯 했다.

스님은 다시 "물질은 밤 · 낮 도를 일러 줄지언정 어느 선각자가 도를 일러 주겠나! 물질이 일러 주는 도를 모른 다면 부처님의 도는 어찌 알겠나!" 라고 한 뒤에 이렇게 노래했다.

초목(草木)은 초목끼리 대화하고

금수(禽獸)는 저희끼리 통하니

사람은 사람끼리 의논하고

불 · 보살은 불 · 보살대로 유유상대(類類相待) 하나니라.

🌀 사족

'부처님께서 일러 주신 도(道)'는 저기에도 있고, 여기에도 있고, 거기에도 있다. 성수 스님의 답변은 '이 놈아, 없는 곳이 있다면 한번 얘기해 보거라.' 이런 의미를 내포하고 있다.

불도(佛道)가 저 언덕이나 강 건너에 있다거나, 마음 안에 있다거나, 심장 안에 있다고 믿는 사람들은 불도가 마치 아무도 모르는 보물섬에 숨겨져 있는 용의 여의주인양 생각한다. 작게는 티끌 안에도 들어가지만 크게는 우주를 감싸고도 남는 도(道)가 시간과 공간의 한계를 갖는 그 무엇이라면 그런 도를 찾아서 무엇 하겠는가.

저 수좌는 광대한 불도를 축소·왜곡시키는 우를 범하고 있을뿐더러, 도를 찾아서 획득해야 할 그 무엇으로 착각하고 있는 것이다. 마치 소를 타고 소를 찾는 목동처럼, 물 속에서 물을 찾는 물고기처럼, 광화문에서 서울 찾는 촌놈처럼, 아직도 찾아 헤매는 꼴이 눈뜬 장님과 다를 바 없다. 그래서 성수 스님은 "이 놈아, 여기 있어." "이 놈아, 저기도 있어." 하며 경책을 내리고 있다.

스님의 말씀처럼 산천초목은 밤낮 없이 도를 일러주고

있다. 이른 바 무정(無情)이 설법한다는 '무정설법(無情說法)'을 뜻한다.

당 나라 때 동산양개(洞山良介 · 800년대 스님) 스님이 스승 운암(雲巖 · 700~800) 스님의 문하에서 수행할 때 이야기다.

동산 스님이 물었다.

"무정도 설법하고 있다고 하셨는데, 그것은 누가 들을 수 있습니까."

운암 스님이 답했다.

"무정의 설법은 무정이 들을 수가 있다."

여기서 무정의 설법은 온갖 알음알이와 분별심을 갖고 서는 알 수 없음을 이 문답은 암시하고 있다. 언어의 길이 끊기고 생각의 행로가 멈춘 무념(無念)의 경지에서만, 무정의 설법을 보고 들을 수 있다는 법문이다. 한 생각도 일으키지 않으면서 온갖 물질의 설법을 알아듣기 위해서는 '무정의 설법은 무정이 들을 수가 있다'는 공안을 깨달을 수밖에 없다.

불법을 알고 싶다면 저 건너 산을 보라

어느 비구니가 범어사로 와서 불법(佛法: 불교의 진리)을 물었다.

이에 성수 스님은 "가지고 있는 법은 어찌하고 따로이 법을 묻는냐?" 라고 한 뒤, "법을 알기 전에 자기 부족을 살필 줄 아는 이가 참다운 수행인 이거니와 자기 병을 진단하지 못하면 천불(千佛: 천 분의 부처님)이 출세해도 불법을 알기는 어렵다" 고 했다.

성수 스님이 다시 말했다.

"화두나 들고 좌복(坐服: 방석)에 앉아 세월만 보내면 뒤에 받을 몸은 누구에게 책임을 지울 것인가! 불법은 저 건너 산을 보라.

봄이 오면 잎이 나고
가을 오면 낙엽지네

이 밖에 따로 구하지 말라. 구한 즉 고(苦)가 되나니라."

🌸 사족

한 비구니의 '불교의 진리가 무엇이냐'고 묻는 질문에, 성수 스님은 "가지고 있는 법은 어찌하고 따로이 법을 묻느냐?" 라고 응수한다. 사실, 이 답변은 질문의 핵심을 교묘하게 회피한 듯 하지만, 사실 명쾌한 답을 주고 있다. 불법이 어딘가에 따로 존재하고 있다고 생각하는 학인(學人: 배우는 사람)의 질문에, 성수 스님은 '자기가 가지고 있는 법부터 알라'고 일러준다. 행주좌와 어묵동정(行住坐臥 語默動靜: 걷고 머물고 앉고 눕거나 말하고 침묵하거나 움직이거나 고요함) 간에 매일매일 쓰면서도, 그것이 무엇인지 모르는 학인에게 자신의 불심(佛心)을 곧바로 알아차리라고 경책하는 것이다.

학인들의 일반적인 특징이라면 스스로 불법을 갖추고 있으면서도, 밖으로만 그것을 찾아다닌다는 것이다. 자심(自心) 안에 원만 구족하게 지니고 있으면서도, 선지식을 찾아다니며 불법이 무엇이냐고 묻는다. 그래서인지 『법화경』에는 본래부터 간직한 불성을 망각하고 살아가는 이러한 중생을 위해 자신의 불성을 자각할 것을 일깨우는 몇

가지 예화가 나온다.

가장 널리 알려진 이야기는 '가난한 아들의 비유'다. 자신이 본래 장자의 아들임에도 이를 모르고 궁핍한 거지 생활을 하는 사나이를 다시 집안으로 끌어들여 가업을 잇게 만든다는 이야기다. 즉 우리도 본래부터 깨달아 있는 부처님의 아들로서 가업을 이어야 한다는 가르침이다.

두 번째는 '옷 속에 넣어 준 보석의 비유'이다. 자기 옷 속에 친구가 몰래 넣어 둔 천금이나 되는 보석이 들어 있었음에도 이를 모르고 궁핍하기 짝이 없는 생활을 한 거지 이야기다. 중생들이 스스로 불성을 이미 간직하고 있음에도 다만 중생지견(衆生知見)에 머물러 중생놀음만 하고 있는 안타까움을 비유한 비유이다.

부처님께서 이 세상에 오신 일대사(一大事) 인연은 무엇일까? 그것은 우리 모두에게 불지견(佛知見: 깨달음의 지견)을 열어 보이고 깨달아 들어가도록 하기 위해서 오신 것이다. 다시 말해서, 그대도 이미 부처님과 같은 깨달음의 성품을 간직하고 있다는 것을 알려주시기 위해 오신 것이다. 이것은 아직 갖고 있지 않은 것을 이제부터 닦아나가서 얻는 것이 아니다. 이미 갖추고 있음을 확신하고 무한대로 써나가면 될 따름이다. 이것이야말로 삼승(三乘)은 방편이요, 일불승(一佛乘)만이 진실이라고 하는 『법화경』 '방편품'의 핵심 법문이다.

예로부터 마음 밖에서 법을 찾고 구하는 이들은 무수히 많았다. 하지만 밖으로 구하는 마음을 쉬지 못하는 한 스스로 괴로움을 자초하는 악순환이 멈추지 않는 법이다.

『돈오입도요문론(頓悟入道要門論)』이란 유명한 어록을 남긴 대주(大珠) 선사도 처음에는 이런 멍청한 학인에 불과했다. 『마조록』에 나오는 문답이다.

대주 스님이 마조 스님을 찾아뵈니, 마조 스님이 물었다.
"어디서 왔는고?"
"월주에서 왔습니다."
"뭐하러 왔는가?"
"진리를 얻고자 왔습니다."
"미친 놈아!"
"보물 창고를 감춰 두고, 그것도 모자라서 남의 보물을 뺏으려는 거냐? 욕심 많은 놈 같으니라구…."
"스님, 제가 무슨 보물창고가 있다고 그러십니까?"

"그러면 네놈이 보물창고가 아니란 말이냐?"

이 말에 대주 스님은 깨친 바가 있었다.

이처럼 진리는 자기 안에 이미 원만하게 갖춰져 있다. 이러한 이치를 모르고 수많은 선지식을 찾아다닌들 깨우치기가 쉽지 않다.

『위앙록』에 나오는 위산영우(771~853) 선사의 문답은 좀 더 구체적으로 자기 안에 숨겨져 있는 보물을 찾는 방법을 일러준다.

어떤 스님이 위산영우 선사를 뵙고 물었다.

"무엇이 도입니까?"

"무심(無心)이 도이니라."

그러자 스님이 말했다.

"잘 모르겠습니다."

그러자 선사가 말했다.

"가서 그 모르는 자를 알도록 해라."

스님은 더욱 어리둥절하여서 "모르는 자라니요?" 하고 되물었다.

그러자 선사는 그를 가리키며 "남이 아닌 바로 네 자신이다" 라고 한 후, 이렇게 말했다.

"모든 원리는 먼 곳에 있지 않다. 바로 우리 심중(心中)에 있어 밖을 향해 구할 수록 점점 더 멀어질 뿐이다."

위산 스님의 법문처럼, 도는 밖을 향해 구할 수록 점점 더 멀어질 뿐이다. 밖으로 찾고 구하는 헐떡이는 마음을 쉬는 것이 도를 얻기 위한 요체이기 때문이다. 억지로 찾고 구하는 사량 · 분별심을 쉬는 순간, 이미 모든 것을 갖춘 자성을 깨닫게 된다. 위산 스님이 '무심(無心)이 도' 라고 했을 때의 무심이란, 바로 사량 · 분별심을 쉰, 한 생각도 일으키지 않는 무념(無念)의 상태를 뜻한다. 진여는 '분별을 떠난 성품의 자리' 이기에, 무심을 통해서 계합(契合)이 가능한 것이다.

산에 부처도 없는데 무슨 도가 있겠소

부산에 사는 한 거사가 범어사로 와서 성수 스님에게 도를 물었다.

이에 스님은 "산에 부처도 없는데 무슨 도가 있겠소" 하니 그는 막막하다는 듯이 스님의 얼굴만 쳐다보았다.

하는 수 없이 스님은 다시 이렇게 일러주었다.

"거사야, 불법을 알려고 하기 전에 지덕(智德; 지혜와 덕성)을 많이 닦고 쌓아서 인격이 완성되어야 비로소 불도를 닦을 수 있는데, 불(佛)이 무엇인지, 법이 무엇인지, 도가 무엇인지도 모르고 앞뒤도 모르는 처지이므로, 이 산승이 이제부터 하는 법을 한 가지 일러주리니 잘 들으시오."

스님이 이어서 말했다.

"아침에 일정한 시간에 일어나서 단 5분 만이라도 자기 정신을 잃지도 놓치지도 말고 완전히 잡아 둘 수 있는 수양을 쌓아 보시오. 그것이 실천될 때 다시 내게 오면 그 다음 순서를 일러주리라."

밝은 달은 바다에 있으나 주워 담을 수 없고

마음은 항상 가지고 있으나 만나보기 어렵구나.

🌀 사족

부처를 외형적인 모습이나 개념으로 이해하는 사람들은 '산에 부처도 없는데 무슨 도가 있겠소?' 라는 말을 들으면, 순간적으로 당황하고 만다. 부처와 도에 대한 고정관념이 일거에 무너지기 때문이다. 부처와 도는 모양과 형상, 언어와 생각으로는 개념화 하거나 표현할 수 없다. 그럼에도, 학인들은 늘 '구체적인 그 무엇'을 기대한다. 선입관에 젖어 있는 학인들은 고정관념을 뒤집어 주는 선지식의 이런 말을 계기로 진지하게 자신을 되돌아 볼 때 비로소 안목이 생긴다.

성수 스님은 맹목적으로 부처와 도를 찾기에 앞서, 지혜와 덕을 갖춰서 인격을 연마하라고 당부한다. 참선 공부가 인격 수양과 무슨 연관이 있겠는가 하고 의문을 품을 수는 있지만, 도(道)를 체득하는 것이 궁극적으로는 인격의 완성과 다른 것이 아니다. 한 평생을 참선한다고 돌아다니다가 하나의 깨달음도 얻지 못하고, 인격 조차 닦지 못했다면 그런 사람은 세상에 쓸모가 없다. 도가 일상의 생활과 동떨어져 있다는 착각을 버리는 것이, 구도자의 기본적인 자세가 되어야 한다. 유가에서는 '안으로 성인이 되고 밖으로 왕이 된다'는 내성외왕(內聖外王)의 공부를 지향하지 않는가. 불교 역시 예외가 될 수 없다. 안으로 부처를 이루고 밖으로는 훌륭한 인격으로 중생을 감화시켜 보살행으로 이끌어야 함을 잊어서는 안된다.

성수 스님은 기초적인 인격 수양의 한 방법으로 '아침에 일정한 시간에 일어나서 단 5분 만이라도 자기 정신을 잃지 말고 완전히 잡아 둘 수 있는 수양을 쌓아 보라'고 일러준다. 하지만 단 5분간이라도 '자기 정신을 놓치지 않기'란 여간해선 쉽지 않다. 이 마음은 항상 가지고 있으나 만나보기 어렵기 때문이다. 마치 밝은 달은 바다에 있으나 주워 담을 수 없는 것처럼 잡을래야 잡을 수 없고, 찾아볼래야 찾을 수 없는 이 마음을 확인하는 것이 수행임을 성수 스님은 일깨우고 있다.

그리고 도를 닦는다는 것은 늘 고요히 깨어있는 것임을 스님은 '단 5분간만이라도 정신을 잃지 말라'는 가르침으로 지시하고 있다. 간화선(看話禪)에서는 보통 화두를 참구하는 방법을 말하지만, 간화선의 성립되기 이전의 정통 조사선(祖師禪)에서는 '본래 부처'임을 철저히 확신하고 늘 성성적적(惺惺寂寂: 또렷또렷하고 고요한 상태)한 가운데 한 생각 일어난 그 자리를 돌이켜 비춰 보는 '회광반조(廻光返照)'의 공부를 강조한다. 참선뿐만 아니라 염불, 간경(看經), 사경(寫經), 자원봉사, 주력(呪力: 주문 수행), 절하기도 좋다. '본래 성불'임을 확신하고 근기에 맞게 공부하되, 자기를 비우고 쉬는 공부를 해나가야 한다는 데 핵심이 숨어있다.

'고요한 깨어있음'을 강조하는 선(禪)은 부처님의 근본 수행법인 사마타(定)와 위빠사나(慧)를 충실히 계승하고 있음을 알 수 있다. 육조 스님의 제자인 영가 스님은 사마타를 '적적성성(寂寂惺惺)', 위빠사나를 '성성적적(惺惺寂寂)'으로 표현했다. 육바라밀 수행과 염불, 주력, 참선 등의 모든 수행법이 '적적'과 '성성'을 수레의 두 바퀴처럼 강조한다. 여기서 '성성'은 혼침(昏沈: 조는 것)하지 않는 것이며, '적적'은 도거(掉擧: 망상)에서 벗어난 상태를 말한다. 외도는 적적(寂寂)만을 강조해서 삼매에 들면 모든 행위가 정지되지만, 불교의 삼매(三昧)는 모든 행위를 하면서도 화두를 들 수 있는 점이 다르다.

『육조단경』 '정혜불이품'에서는 "정혜(定慧)가 하나가 되더라도 도가 아니다. 하나가 되어 통류해야 한다"라는 대목이 나온다. 정(사마타)과 혜(위빠사나)를 함께 닦는 정혜쌍수(定慧雙修)의 중요성을 보여주는 대목이다. 예로부터 불교 수행은 사마타(止: 집중)와 위빠사나(觀: 바라보기)를 함께 닦을 것을 강조해 왔다. 따라서 어떠한 수행을 하더라도 고요하면서도 깨어있는 상태를 유지해야 하는 것이다.

앞집의 닭이 울고 뒷집의 소가 뛴다

여기 모인 대중은 저 사바세계를 보라.

문 : 세상의 모든 일이 다 도(道)라 하시니, 세상의 모든 사람이 살아가는 이것이 세상사인데, 이것이 모두 도란 말씀입니까?

답 : 그렇지. 농부는 밭 갈아서 농사 짓고 장가 가서 아들 낳고 돈 벌어서 살림 꾸리니, 이 사람아, 이것이 다 도가 아니고 무엇이 도란 말인가.

문 : 화상이 말씀하신 이 모두는 이해가 안됩니다.

답 : 봄이 오면 싹이 나고, 여름에는 무럭무럭 성장하니, 이것이 다 도이니라.

수행자가 뭘 또 어물어물 묻고자 했지만, 스님은 이렇게 노래했다.

이 놈아, 해가 저물었으니 잠이나 자거라

몽둥이 한 방[一棒]에 눈을 뜨고 보니

세상에 하는 일이 모두가 다 도 아닌 것이 없네

앞집의 닭이 울고 뒷집의 소가 뛴다

역대 성인은 다 속여도 자신은 못 속이네
도의 법칙은 한 치도 어긋나면 아니 되니 조심할지어다.

🌸 사족

'세상 만사가 도 아님이 없다'는 성수 스님의 법문에, 수행자는 어리둥절해서 거듭 되묻는다. "세상사, 이것이 모두 도란 말씀이십니까?" 이런 소귀에 경읽기 같은 질문에도 성수 스님은, 더욱 자상하게 답을 한다. "봄이 오면 싹이 나고, 여름에는 무럭무럭 성장하니, 이것이 다 도이니라."라고.

나[我]라고 하는 아상(我相)을 내려놓으면, 봄·여름·가을·겨울의 변화와 농사 짓고 일하고 밥 먹고 똥 싸는 일이 도 아님이 없다. '나'라고 하는 생각, 그로 인해 '나의 것[我所]'이라고 하는 집착이 생긴다면, 세상사 그대로가 고통이요 업 짓는 일이다. 아름다운 4 계절의 자연스러운 변화 역시 추위와 더위, 장마와 가뭄을 가져다 주는 괴로움의 대상일 뿐이다. 그러나 나를 텅 비워, 마음과 대상 세계가 모두 공적함을 깨닫는다면 '앞집의 닭이 울고 뒷집의 소가 뛴다' 고 하는 도리를 알게 된다.

'세상에 하는 일이 모두가 다 도 아닌 것이 없네' 라는 말을 줄이면 '평상심시도(平常心是道)' 라는 말과 같은 뜻이다. 인간의 일상 생활을 모두 불법(佛法)의 전개로 보고 '평상심이 곧 도' 라는 법문을 남긴 조사는 마조도일(馬祖道一 · 709~788) 선사이다. 제자 남전보원(南泉普願 · 748~834) 스님이 '평상심이란 무엇입니까?' 라는 질문에 마조 선사는 평상심을 이렇게 설명한다.

"평상심이란 무엇인가. 그것은 일부러 꾸미지 않고 이러니 저러니 판단을 하지 않으며, 마음에 드는 것만을 좋아하지도 않고, 단견 · 상견(斷見常見)을 버리며, 범부와 성인을 구분하는 생각과 멀리 벗어나 있는 마음을 가리킨다. 경전에 이런 말이 있다. '범부처럼 행세하지도 않고 성인 현자처럼 행세하지도 않는 것이 바로 보살행이다.' 지금 이렇게 걷다가 곧 멈추기도 하고 다시 앉아 있다가 편안하게 눕기도 하는 등 형편에 따라 움직이는 이 모두가 바로 도다."

-『마조록』-

이처럼 평상심은 우리가 일상적으로 사량·분별하고 취사·선택하는 '평소의 마음'은 아니다. 좋고 나쁨, 옳고 그름, 단견과 상견, 범부와 성인, 움직임과 고요함, 길고 짧음 등 온갖 대립적인 관념을 뛰어넘은 텅빈 마음이다. 분별과 집착을 벗어나, 언제 어디서나 무심(無心)의 생활을 하는 것이 바로 평상심의 생활인 것이다. 이러한 '평상심 시도'의 가르침은 마조의 법제자 남전보원 선사에 의해 더욱 충실히 계승·발전된다. 남전의 제자 장사경잠(長沙 景岑·?~?) 선사와 나눈 스님의 대화는 이러하다.

"평상심이란 무엇입니까?"
"졸리면 잠을 자고 앉고 싶으면 앉는다."
"그 뜻을 좀 더 가르쳐 주십시오."
"더우면 부채질 하고 추우면 화롯불을 쬔다."

-『선문염송』-

경잠 선사의 말처럼 졸리면 자고 추우면 불을 쬐는 행위는 지극히 일상적인 생활이다. 졸릴 때 자지 않고, 추울 때 불을 쬐지 않는 것은 자연스럽지 못한 행위이며, 고통을 불러일으킨다. 언제 어디서나 집착과 분별이 없이 생활하면, 두려움이나 성냄, 어리석음이 발붙일 곳이 없다. 일상사 그대로가 편안한 일행삼매(一行三昧)가 되는 수행이다.

마조-남전으로 이어진 '평상심시도'의 가르침은 조주(趙州 · 778~897) 선사에 이르러 더욱 빛을 발한다. 다음은 조주 스님이 남전 스님의 법을 듣고 깨달음을 얻었을 때의 문답이다.

조주 스님이 남전 스님에게 물었다.

"도란 어떤 것입니까?"

"평상시 마음이 도이다[平常心是道]."

"그것을 향하여 나아가도 좋습니까?"

"헤아린즉 어그러진다[擬卽乖]."

"헤아리지 아니하고 어찌 도를 알겠습니까?"

"도는 안다든가 모른다든가 하는 것과 전혀 관계가 없다. 안다고 하는 것은 망각(妄覺)이고, 모른다고 하는 것은 무기(無記)이다. 만일 참으로 헤아림이 없는 도에 도달하면 마침내 허공과 같이 말끔하게 공한 것이다. 어찌 가히 무리하게 옳다 그르다 하겠느냐."

조주 스님은 언하(言下)에 깊은 뜻을 깨닫고 마음이 마치 밝은 달과 같아졌다.

-『조주록』-

　조주 스님이 이 '평상심'을 갖고 수행하면 되느냐고 질문하니, 남전 스님은 '이렇게 하겠다 저렇게 하겠다'고 헤아리면 즉시 어긋난다고 말한다. 헤아림은 그것 자체가 동요요, 분별심이기 때문이다. 남전 스님은 '도는 알고 모름과도 관계없다'고도 말했다. 어떤 앎도 그것의 진실을 아는 것이 아니라, 언어나 개념을 아는 것일 뿐이다. 그렇다고 모르는 것이 도일 수도 없다. 모름은 기억조차 없는 상태여서, 무정물과 같기 때문이다.

　남전 스님은 만일 모든 집착과 망상을 놓아버려 헤아림이 없는 상태에 도달하면, 허공처럼 말끔하게 공한 도(道)의 세계에 들어갈 수 있다고 했다. 수행자가 늘 지금, 이 자리에서 있는 그대로 만족하고, 더 이상 찾고 구하는 마음이 없다면 그는 헤아림이 없는 상태에 도달한 것이다. 이 헤아리는 대상에는 부처니 깨달음이니 열반이니 하는 관념마저도 예외가 될 수 없다. 부처와 조사라는 오래된 고

정관념과 집착을 사정없이 죽이지 않는 한 헤아림이 없는 도에 들어갈 수는 없다. 조주 스님처럼 스승의 한 마디에 평상심의 도리를 깨닫기 위해서는 어떤 좋고 나쁜 대상이든 모조리 비우고, 버리고, 쉬는 방하착(放下着) 공부가 전제되어야 하는 이유가 여기에 있다.

우주 · 만물이 선(禪) 아님이 없다

대중은 저 물질을 보라. 우주의 억만 모양모양이 그대로가 진리요, 저마다 하는 짓이 모두가 다 도(道)이니라.

문 : 어찌하여 저마다 형체가 다 다른데, 각자 모양 생긴 그대로가 진리라 합니까?

답 : 진리는 물형(物形)에 따라서 나느니라.

문 : 물질 모양에 따라 무엇이 납니까?

답 : 그대가 묻는대로 답하는 이것이다.

문 : 답하는 그것이 어찌하여서 만물과 같습니까?

답 : 만물에 따라서 서로 응하니 그 물외(物外: 물질 밖에)에 무엇이 따로 없다. 천하만물이 관음(觀音: 불교의 성인인 관세음보살)이라, 눈을 열고 보면 모든 물형 그대로가 다 관음이다.

문 : 또 어찌하여 나무, 돌 등이 저마다 모두 다른데 대성자이신 관음이란 말씀입니까? 천부당 만부당한 말씀입니다.

답 : 여보게! 개 눈에는 똥만 보이고, 보살 눈에는 만물이 모두 보살로만 보인다네. 자신이 자기 밖으로는 못 보나, 본성을 깨달은 이는 보이는 물물이 다 관음이 되느니라.

이 사람아, 배가 고프면 밥이나 먹고 졸음이 오면 잠이나
자게.

🌸 사족

성수 스님의 '우주만물이 선 아님이 없다[宇宙萬物 無
非禪]'는 법문은 『금강경』에 나오는 "여래는 모든 법이 다
불법이라 설했다[如來說一切法 皆是佛法]"라는 법문과
맥을 같이 하고 있다. 이에 대해 야보 선사는 『금강경오가
해』에서 "분명하게 드러난 온갖 풀에 분명하게 조사의 뜻
이 남김없이 나타나 있다[明明百草頭 明明祖師意]"고 노
래하고 있다. 함허 선사도 이에 대해 "조사의 뜻은 분명하
게 온갖 풀에 나타나 있으니, 온갖 풀에서 눈을 뜨고 자세
히 보는 것이 좋다"고 풀이하고 있다.

여기서 '온갖 풀[百草頭]'이란 '온갖 현상'을 상징한
말이다. 즉 존재하는 모든 것 또는 천차만별의 현상을 가
리킨다. 번뇌와 망상의 풀로 얽혀 있는 갖가지 차별 현상
에 조사의 선지(禪旨)가 그대로 담겨 있다는 뜻을 전하는

법문이다.

'풀끝마다 조사의 뜻이 드러나 있다'는 이러한 백초두
상조사의(百草頭上祖師意)의 도리를 전하는 문답은 인도
의 유마(維摩) 거사, 우리나라의 부설(浮雪) 거사와 함께
3대 거사로 불리는 중국의 방(龐) 거사 가족의 문답에 등
장한다.

방 거사가 어느 날 참깨를 널다가 이렇게 탄식했다.

"어렵고 어렵고 어렵도다. 열 섬 참깨를 나무 위에 펴널
기여."

거사의 부인이 이 말을 듣고 이렇게 받았다.

"쉽고 쉽고 쉽도다. 침상에서 발을 내려 땅을 밟기와 같
도다."

거사의 딸 영조가 이 말을 또 받았다.

"쉽지도 않고 어렵지도 않도다. 풀끝마다 조사의 뜻이
로다[百草頭上祖師意]."

-『방거사 어록』-

이와 같이 어렵기도 하고, 쉽기도 하고, 어렵지도 않고

쉽지도 않은 것이 불법이라 했다. 풀끝마다 맺힌 조사의 뜻을 아느냐 모르느냐에 따라 하늘과 땅 만큼, 쉽고 어려움이 엇갈리는 셈이다.

성수 스님의 '만물에 따라서 서로 응하니 그 물외(物外)에 무엇이 따로 없다'는 말은 마음 밖에 만물이 따로 없다는 '심외무물(心外無物)'의 도리와 정반대의 말처럼 들리지만, 실은 같은 의미를 갖고 있다. '물외(物外)에 무엇이 따로 없다'고 할 때의 물질이 바로 마음이기 때문이다. '삼계는 오직 마음이요, 만법은 오로지 식(識)일 뿐이다'라는 『화엄경』의 종지는 '일체유심조(一切唯心造)'의 이치를 설하고 있다. 물질이 바로 마음이기 때문에, 물질 밖에 따로 마음이 없는 것이다.

이른바 '색즉시공(色卽是空)이요 공즉시색(空卽是色)'역시, 이러한 도리를 설하고 있다. '색즉시공 공즉시색'이란 말은 관세음보살이 『반야심경』에서 색・수・상・행・식(色受想行識)의 오온(五蘊)이 공(空)하다는 것을 설한 법문이다. 여기서 색(色)이란 물질이나 청・황・적・백・흑(靑黃赤白黑)의 색깔이 아니라, 눈・귀・코・혀・몸으로 받아들이는 대상의 색・성・향・미・촉(色聲香

味觸: 빛깔, 소리, 냄새, 맛, 감촉)을 한 마디로 줄여서 색이라고 한 것이다. 사람들은 이 인식의 대상인 이 색을 받아들여서(受), 생각하고(想), 이에 따른 행위를 하며(行) 또 인식(識)을 저장해 둔다. 이것이 우리 인간들이 찰나찰나 살아가는 행위이자 삶이다. 결국 인식되는 대상 세계는 찰나찰나 세상을 마음의 거울에 그리는 그림에 불과해서 마치 마음 거울에 비친 그림자와 같다는 법문이다. 마음 거울에 비친 그림자는 실체가 아니며, 절대적인 것이 아니며, 텅 빈 마음 거울에 잠시 비친 환영임을 알아야 한다는 것이다. 수행자가 이를 깊이 자각하여 오온(五蘊)의 색 · 수 · 상 · 행 · 식을 단지 마음에 그린 그림자이어서 공임을 깨닫고 또 이를 실천할 수 있다면, 일체의 근심, 걱정, 불안, 공포를 벗어나 평안한 깨달음의 삶을 살게 되는 것이다.

'천하 만물이 관음이라, 눈을 열고 보면 모든 물형 그대로가 다 관음이다'는 말도 마음의 눈으로 보면 보이는 그대로가 마음임을 자각하게 된다는 이치를 전하고 있다. 이 도리를 깨치지 못한 학인은 다시 의심을 품고 질문을 던지지만, 성수 스님은 '개 눈에는 똥만 보이고, 보살 눈에는 만물이 모두 보살로만 보인다네.' 라며 부드럽게 경책하고 있다. 여기서 성수 스님이 말한 '보이는 물물(物物)이 다 관음'이란 도리는 여러 선어록에 등장하는 공안이기도 하다.

"보고 듣고 느끼고 아는데 장애가 없으면 소리와 향과 감촉이 항상 삼매(三昧)의 소재이다. 마치 새가 허공을 날아갈 뿐 취하거나 버리지 않고 미워하거나 애착하는 분별이 없는 것과 같다. 응하는 대상 하나하나가 본래 무심한 것임을 안다면 비로소 관자재(觀自在)라 할 것이다."

-『경덕전등록』 '사공본정전' -

여기서 '보고 듣고 느끼고 아는데 장애가 없다'는 말은 새가 허공을 날아갈 뿐인 것과 같이 '다만 ~할 뿐' 인 삼매를 가리킨다. '소리와 향과 감촉이 항상 삼매의 소재이다' 라는 것은 모든 인식 기관에 애증과 분별 등으로 작용하는 장애가 없다는 뜻이다. 결국 '응하는 대상 하나하나가 본래 무심한 것임을 안다면 비로소 관자재라 할 것이다' 란 말은 성수 스님이 말한 '보이는 물물(物物)이 다 관음(관자재보살)'이라는 말과 상응한다.

　수행자가 이러한 경지에 이르기 위해서는 사물을 대할 때, 취하거나 버리지 않고 미워하거나 애착하는 분별이 없어야 함은 물론이다. 이는 상징적인 비유에 그치는 말이 절대 아니다. 매 순간 사물을 대할 때의 마음자세를 설한 것이다. 언제 어디서나 집착과 분별심을 버린 무심으로 사물을 대할 때 보고 듣는 그대로가 관음이요, 삼매가 된다는 사실을 잊지 말아야 한다. 이런 무심의 경지에 이르면 목 마를 때 물 마시고, 배고프면 밥을 먹고, 졸리면 잠자는 행위가 그대로 불가사의한 삼매가 되어 대자유와 해탈의 삶을 살게 되는 것이다.

열반에서 열반을 구하지 말라

　시회대중(是會大衆: 여기 모인 사람들)아, 삼라만상 이 대로가 다 열반(涅槃: 진리를 깨달아 모든 번뇌의 얽매임에서 벗어나 불생불멸의 법을 체득한 경지)이니라.

　여래의 열반만이 열반이 아니고, 티끌 · 대지 · 총림(叢林: 잡목이 우거진 숲, 큰 사찰) · 초목 · 사생 · 육도 · 중생이 모두가 열반이니라.

　문 : 생사 자재가 돼야 열반이라고 하였는데, 어째서 모든 중생과 초목까지 열반이라 하시나이까?

　답 : 여래가 사바세계에 출현하기 이전에 이미 열반이니라. 왜냐하면 열반이 생사자재라 함은, 태어남도 없고 죽음도 없는 그 자리를 가리켜 열반이라 하기 때문이다. 열반은 거래(去來: 가고 옴)가 있거나, 유 · 무가 있거나, 즐거움이 있거나, 괴로움이 있거나, 이러한 취사(取捨: 취하고 버림)가 있다면 열반이 아니니라. 만약에 거래 · 차이가 있다면 그것은 열반도 아니요 여래도 진리도 아니다.

　비유하건대 물이 먼저인가, 거품이 먼저인가? 여래가

먼저인가? 중생이 먼저인가? 극락, 지옥 어느 곳이 먼저인가? 이 모두가 어느 것이 먼저라고 가려낼 수가 없듯이 부처 이전에 중생이요, 거품 이전에 물이라, 여래 이전에 벌써 열반이니라.

여기 모인 대중아, 열반에서 열반을 구하지 말라. 고기가 물 속에서 물 찾는 격이라. 하루 종일 일평생을 두고 찾아도 그 물을 인식 못하면 아니 된다. 알고 보면 지척이요, 모르면 십만 팔천리며, 일체만물이 다 열반에서 살고 있는데, 하필이면 나 혼자만이 생로병사의 노예가 되었는고. 이 무진 열반락은 부처만이 수용하라는 것이 아니다. 누구든지 저마다 지니고 있노라….

산하대지가 모두 열반이요
사·농·공·상이 무진락(無盡樂: 끝없는 즐거움)이로다
세상만사가 다 봄의 꿈이요
저 누구인가? 다 허사일세.

🌸 사족

고요한 빛이 온 누리를 비추니
범부와 성현이 모두 한 집안일세
한 생각 안 내면 나타나지만
분별을 일으키면 가리워지네

번뇌는 끊으려면 병을 더하고
깨달음은 구할 수록 사견만 일어나네
모든 인연 부딪쳐도 걸림 없으면
열반이니 나고 죽음이 다 헛것일세

중국 당나라 때의 장졸(張拙) 거사는 석상(石想·805~888) 선사로부터 깨달음을 얻고 이와 같은 게송을 남겼다.

장졸 거사가 처음 석상 선사를 만났을 때, "이름이 무엇이냐?"고 물었다. 장졸 거사가 "졸(拙: 서투르다는 뜻)입니다"라고 대답하니, 선사가 "공교(巧)로운 것은 찾아도 얻지 못하는데, 치졸(拙)한 것은 어디서 나오느냐?" 하는 말을 듣고 깨달음을 얻고 위의 오도송을 읊었다고 한다.

장졸 거사의 경우에서도 공교함과 치졸함이 둘로 나뉘기 전의 자리에서 깨달음의 체험이 일어남을 보여주고 있다. 그의 오도송에서도 나타나듯이 범부와 성현, 번뇌와 깨달음, 생사와 열반이 이미 '둘이 아니다[不二]'. 범부에서 성현으로, 번뇌를 버리고 깨달음으로, 생사 속에서 열반으로 나아가려는 의도가 이미, 한 생각을 일으켜 분별하고 있는 망상이다. 부처와 깨달음, 열반을 구하려는 한 생각이 있기에 더욱 어긋나고 만다는 것이다.

그래서 오직 안과 밖으로 구하려는 마음을 쉬고 한 생각 일어나기 이전의 자리에서 화두를 챙기라는 것이다. 일상의 생활 가운데서 모든 인연에 부딪쳐도 집착과 걸림이 없다면 번뇌와 보리가 모두 허공의 꽃과 같다는 것이다.

『대승입능가경』 '게송품'에 "분별(念) 떠났음이 진여(眞如)다"라는 법문이 있다. 여기서 분별을 떠났다는 말은 곧 '무념(無念)'을 가리킨다. 거울이 동요함이 없기 때문에 일체를 비출 수 있는 것처럼, 진여는 분별함이 없는 까닭에 일체를 알 수 있다. 만약 거울이 분별하여 표면이 일그러진다면 아무 것도 비추지 못하게 된다. 마음이 일체를 비추고 아는 것은 심성이 본래 앎(知)도 없고, 봄(見)도 없으며, 분별을 떠나 있기 때문이다. 마음이란 능·소를 떠나 있어 대상이 될 수 없는 까닭이다.

『현종기(顯宗記)』에서 선(禪)은 본래 "무념을 종(宗)으로 하고 무작(無作; 마음을 짓지 않음)을 본(本)으로 한다"고 했다. 여기서 '무작'이란 곧 억지로 마음을 일으키지 않는 것이니, 무작의(無作意)와 같은 뜻이다. 그래서 무엇을 구하거나 얻으려는 마음이 조금이라도 있다면 이미 분별·망상에 떨어진 것이라고 본다. 마음을 일으켜 무엇을 하고자 하지 않고 행하는 것을 '무원·무구(無願無求)의 행'이라고 한다. '무작'이란 곧 원하는 바도, 바라는 것도 없는 '무원·무구'의 행과 같은 의미다.

수행자는 '구도자(求道者)'라는 말이 내포하듯이, 도를 구하는 마음이 없을 수가 없다. 그러나 도를 구한다고 해서 조급한 마음으로 도에 집착하거나 분별을 일으킴은 절대 금물이다. 욕심이 앞설 경우는 상기병(上氣病: 열이 몸 위로 올라오는 선병)에 걸리거나 사도(邪道)에 들기 십상이기 때문이다. 오로지 간절하고 순수한 구도의 마음으로 사심없이, 지나치지도 부족하지도 않게 구도의 여정을 지속해야 한다. 부처님께서도 "거문고 줄은 적당히 팽팽해야 가장 좋은 소리가 나온다"고 공부의 요령을 비유한 적이 있지 않은가. 수행자는 급하지도 게으르지도 않게, 중도(中道)의 길로 묵묵히 나아가는 수밖에 없다. 선지식들은 최후의 집착에 해당되는 열반·보리·깨달음에 대한 집착과 분별마저 놓아야만 비로소 진실이 그 자리에서 실현된다고 거듭 강조하고 있는 것이다.

간화·묵조를 따지기 전에 무엇하러 왔는가

하루는 어느 수좌가 해인사로 와서 화두와 관련해 간화선(看話禪)과 묵조선(默照禪)의 차이를 물었다. 성수 스님은 "간화선과 묵조선을 따지기 이전에 무엇하러 이곳에 왔는가?"를 반문하고는, "생사가 시급한 이때 무슨 헛소리를 하느냐! 죽기 싫으면 생사 밖의 도리를 알아야 하느니라."고 호통을 쳤다.

너의 몸이 늙기 전에
생사장야(生死長夜: 생사의 긴 밤) 꿈을 깨라

🍵 사족

수행자에게 가장 긴박한 문제는 무엇인가. 그것은 간화선이니, 묵조선이니, 위빠사나니 하는 수행법에 있는 것이 아님은 물론이다. 사람에게 숨 들이마시고 내쉬는 순간에 달려 있는 생사 문제만큼 절박한 과제가 어디에 있겠는가.

부처님께서 왕자의 몸으로 성문을 뛰어넘은 것도 생·
로·병·사의 고통과 윤회의 수레바퀴로부터 벗어나, '생
사 해탈' 하기 위한 것이 아니었던가.

그럼에도 불구하고 이 수좌는 '생사의 큰일[生死大事]'
은 망각한 채 사소한 수행법의 좋고 나쁨을 간택(揀擇)하
고 있으니, 얼마나 한심한 일인가. 부처님을 비롯한 모든
수행자의 일대사(一大事)는 '나고 죽음[生死]'으로부터
의 해탈이니, 목숨이 끊어지기 전에 이 문제를 해결하는
것이 급선무임은 말할 필요가 없다. 예로부터 고승들은 늘
생사 문제에 관심을 갖고 이를 해결할 것을 노래하고 있는
것이다.

태어남은 한 조각 구름이 생기는 것이요[生也一片浮
雲起]
죽음은 한 조각 구름이 사그라드는 것이라[死也一片浮
雲滅]
뜬 구름은 자체의 실다움이 없으니[浮雲自體本無實]
삶과 죽음, 오고 감이 또한 이러하다[生死去來亦如然].

이 게송(偈頌: 부처님의 공덕이나 가르침을 찬탄하는 노래)은 임진왜란 때, 승병을 일으켜 나라를 구한 서산(西山 · 1520~1604) 대사의 노래이다. 삶과 죽음에 초연한 고승이었기에, 생명을 죽이는 것을 금지한 불살생계(不殺生戒)를 어겨 가면서까지 수많은 백성을 살리기 위한 최소한의 살생을 감당할 수 있었으리라. 서산 대사의 노래처럼 삶과 죽음은 한 조각 구름이 일어났다 사라지는 것처럼, 허망하여 집착할 것이 못된다. 본래 실체가 없는 것이어서 꿈과 환상과 같기 때문이다.

그래서 조사들은 '본래부터 나고 죽음이 없음(本無生死)'을 깨달으면, 생사로부터 자유를 얻는다고 했다. 하지만 이 도리를 깨닫지 못한 범부들은 본래 없는 생사의 불길을 끄기 위해 '생사가 있다는 기나긴 꿈[生死長夜]'에서 깨어나는 수밖에 다른 방법이 없다. 생사가 있다는 전도몽상(顚倒夢想), 즉 착각에서 벗어나 본래 생사가 없다는 도리를 깨달으면 생사로부터 벗어나 해탈을 얻는다.

그러나 생사가 본래 없다는 것을 이치로만 알았다고 해서 공부가 완전히 끝난 것은 결코 아니다. 생사가 본래 없는 도리를 이해했다면, 이를 몸으로 체득해서 계합한 후,

자유자재로 쓸 수 있어야 한다. 이에 대해 만공 선사는 "공부의 과정에는 지무생사(知無生死: 생사가 없음을 안다) · 계무생사(契無生死: 생사없는 도리에 계합한다) · 체무생사(體無生死: 생사가 없음을 체득한다) · 용무생사(用無生死: 생사가 없음을 쓴다)의 네 단계가 있는데. 용무생사에 이르러야 비로소 이무애(理無碍: 이치에 걸림이 없다) · 사무애(事無碍: 일에 걸림이 없다)하게 되는 대자유인이 된다"고 설했다. 즉 진정한 깨달음에 이르려면 참으로 미세한 번뇌 · 망상까지 끊어져, 생사를 자유자재로 굴리는 경지에까지 이르러야 함을 뜻한다.

생사 밖의 도리를 깨달아 대자유를 얻기 위해서는 이러한 네 단계의 공부를 지어가야 하겠지만, 근기가 수승하고 크게 발심한 수행자는 단박에 이 네 단계를 뛰어넘어 '용무생사' 할 수 있는 불지(佛地: 부처님의 경지)에 이를 수 있다는 것이 선종의 입장이다. 즉 '일언지하 돈망생사(一言之下 頓忘生死)' 하고 일초직입여래지(一超直入如來地)라. 말 끝에 단박 생사를 잊고, 한번 뛰어 곧바로 여래지에 들어간다는 불가사의한 법문이다.

화가여, 그대의 자성불이나 그려내라

어느 날 한 화가가 해인사로 와서 성수 스님에게 법을 청했다.

스님은 "이 산승의 일게(一偈)를 들어라" 고 말한 후, 이렇게 노래했다.

바람을 타고 나는 새도
그 바람을 알지 못하고
물에 젖고 가는 고기도
그 물을 보지 못하니
불화(佛畵) 그리는 화공인들
부처를 알겠는가
물질·환경에 그만 속고
어서어서 정진해서
자성불(自性佛: 자기 성품의 부처)이나 그려내라.

🌸 사족

허공을 나는 새는 허공을 알지 못하고, 물고기는 물을 보지 못한다. 마찬가지로 사람은 도(道) 속에서 살면서도, 도를 모르니 더욱 헛되이 헤매는 삶을 살 수밖에 없다. 마치 자기 머리가 없어졌다고 찾아다닌 실성한 연야달다 처럼 말이다. 그러니 그림 그리는 화공인들 다를 바가 있으랴. 항상 부처와 보살의 얼굴을 그리면서도 정작 자신의 진짜 모습인 자성불은 그릴 줄 모른다. 세종로에서 서울 찾는 어리석은 짓은 그만두고 서울 사람으로서, 당당한 자성불로서 살아가라고 성수 스님은 노래하고 있는 것이다.

『벽암록』제 37칙에는 이와 비슷한 선문답이 등장한다.

북쪽 유주(幽州)의 반산보적(盤産寶積) 스님도 마조(馬祖) 스님 회하의 큰스님으로서, 뒤에 제자 보화(普化) 스님이 있었다.

반산보적 스님은 임종 때 대중에게 말하였다.

"나의 초상화를 그릴 사람이 있느냐?"

대중이 모두 초상화를 그려 바치자, 스님은 모조리 꾸짖었는데, 보화 스님이 대중 속에서 나오더니 말하였다.

"제가 그릴 수 있습니다."

"왜 노승에게 바치지 않느냐?"

보화 스님이 훌쩍 재주를 넘으며 나가 버리니, 스님이 말하였다.

"이놈이 이후로 미친 놈처럼 사람을 제접하리라."

반산 스님이 당신의 초상화를 그려오라고 했을 때, 제대로 그려 바친 사람은 보화 스님 한 분 뿐이었다. 다른 안목 없는 스님들이 하나 같이 반산 스님의 형상을 그려왔을 때, 보화 스님은 모양과 형상을 초월한 반산 스님의 자성불을 흔적 없이 그려보임으로써 '미친 놈처럼 사람을 제접하리라' 라는 역설로 스승의 인정을 받은 것이다.

이 문답에서 자성불은 형상으로 만든 등상불(等像佛) 즉, '모양의 부처' 가 아닌 진불(眞佛)임은 물론이다. 결국 참부처는 마음 밖에 있는 것이 아니라 마음 안에 있으니, 밖으로 찾아 헤매서는 본래의 자기를 만날 기약이 없는 것이다. 이 '진불' 을 친견하는 방법에 대해서 6조 혜능(六祖慧能·638~713) 스님께서는 열반에 앞서 이렇게 당부한 바 있다.

"너희는 들으라. 내 너희들을 위하여 말하여 주리라. 만약 뒷 세상 사람들이 부처를 찾고자 할진대는 오직 자기 마음의 중생을 알라. 그러면 곧 능히 부처를 알게 되는 것이니, 곧 중생이 있음을 인연하기 때문이며, 중생을 떠나서는 부처의 마음이 없느니라.

미혹하면 부처가 중생이요 깨치면 중생이 부처이며
어리석으면 부처가 중생이요 지혜로우면 중생이 부처니라.
마음이 험악하면 부처가 중생이요 마음이 평등하면 중생이 부처이니
한평생 마음이 험악하면 부처가 중생 속에 있도다.
만약 한생각 깨쳐 평등하면 곧 중생이 스스로 부처이니
내 마음에 스스로 부처가 있음이라 자기 부처가 참 부처이니
만약 자기에게 부처의 마음이 없다면 어느 곳을 향하여 부처를 구하리요."

-『육조단경』-

육조 스님은 중생을 알아 부처를 보게 하려고 다시 '참 부처를 보는 해탈의 노래[見眞佛解脫頌]'를 남겼다. 이 게송을 수시로 읽어 자기 마음을 돌아보는 것 자체로 훌륭한 수행이 됨은 물론이다.

진여의 깨끗한 성품이 참 부처요

삿된 견해의 삼독이 곧 참 마군(魔軍: 마왕의 군대)이니라.

삿된 생각 가진 사람은 마군이 집에 있고,

바른 생각 가진 사람은 부처가 곧 찾아오는도다.

성품 가운데서 삿된 생각인 삼독(탐욕, 성냄, 어리석음)이 나나니,

곧 마왕이 와서 집에 살고

바른 생각이 삼독의 마음을 스스로 없애면

마군이 변하여 부처 되나니, 참되어 거짓이 없도다.

화신과 보신과 정신(靜身)이여,

세 몸이 원래로 한 몸이니

만약 자신(自身)에게서 스스로 보는 것을 찾는다면

본래 화신으로부터 깨끗한 씨앗이니라.

깨끗한 성품은 항상 화신 속에 있고

성품이 화신으로 하여금 바른 길을 행하게 하면

장차 원만하여 참됨이 다함 없도다.

음욕을 없애지 않고는 깨끗한 성품의 몸이 없다.

다만 성품 가운데 있는 다섯 가지 욕심을 스스로 여의면

찰나에 성품을 보나니, 그것이 곧 참[眞]이로다.

만약 금생에 돈교의 법문을 깨치면

곧 눈앞에 세존을 보려니와

만약 수행하여 부처를 찾는다고 할진대는

어느 곳에서 참됨을 구해야 할지 모르는도다.

만약 몸 가운데 스스로 참됨 있다면

그 참됨 있음이 곧 성불하는 씨앗이니라.

스스로 참됨을 구하지 않고 밖으로 부처를 찾으면,

가서 찾음이 모두가 크게 어리석은 사람이로다.

돈교(頓敎: 단박 깨닫는 가르침)의 법문을 이제 남겼나니

세상 사람을 구제하고 모름지기 스스로 닦으라.

이제 세간의 도를 배우는 이에게 알리노니,

이에 의지하지 않으면 크게 부질없으리로다.

-『육조단경』-

해인(海印)은 어디에 있는가

어느 날, 재일교포라는 한 신사가 와서 "대사님, 여쭐 말이 있는데 괜찮겠습니까?" 하며 면담을 청했다. 이어서 그는 성수 스님에게 살아 온 과정을 자세히 설명하고 가르침을 간절히 청했다.

"제가 어려서 일본에 갈 때, '일본이 해인(海印)을 훔쳐 갔기 때문에 우리 나라를 왜인(倭人)에게 빼앗겼다'는 말을 듣고 분개한 마음에서 그 소리가 머리에 박혀 숙제가 되었습니다. 이로 인해 일본 천하를 다 뒤졌으나, 해인을 둔 곳이 없으므로 칠십 평생의 소원이니 좀 알려 주십시오."

말이 끝나자 마자, 성수 스님이 뜨락을 툭 치면서 "여기 있소!" 하니 그가 어리둥절해 하기에, 스님은 다시 "해인은 없어진 것도 잃은 것도 아니요. 다만 그대가 눈이 어두운 탓에 보지 못하는 것뿐이니라" 하고 소리쳤다.

그러자 그는 맨 땅에 오체(五體: 사람의 머리와 팔·다리 즉 온몸)를 투지(投地: 땅바닥에 엎드리다)하여 수 차례 절을 하고 가면서 "평생에 한이 되는 문제를 풀어 주셔서 감사합니다" 라고 했다.

스님은 그 재일교포에게 마지막으로 이런 노래를 들려 주었다.

보이는 물질이
곧 해인이요
들리는 소리가
곧 장경(藏經: 팔만대장경)이로다

🌸 사족

성수 스님을 찾아 온 재일교포 신사는 일본이 훔쳐갔다 는 해인(海印)이 고정된 물질인 줄 잘못 알고 있다가, 선 문답을 통해 그것이 '깨달은 마음'임을 알아차리고 평생 의 숙제를 해결한다. 성수 스님이 뜨락을 툭 치면서 '여기 있소' 하고 보여준 해인은 불성(佛性)의 지혜작용으로서, 누구나 갖고 있는 신령스러운 보물이라 할 수 있다.

'해인'이란 용어의 출처와 관련, 『화엄경』에서는 가장 깊은 경지의 삼매를 해인삼매(海印三昧)로 표현하고 있다. 마치 바다에 풍랑이 쉬면 삼라만상 모든 것이 도장[印] 찍히듯 그대로 바닷물에 비쳐 드러난다는 뜻으로, 모든 번뇌가 사라진 부처의 마음 속에는 과거 · 현재 · 미래의 모든 업(業)이 똑똑하게 보인다는 의미가 담겨있다. 신라 때 명효 스님이 지은 『해인삼매론』에 따르면 '해인삼매'는 수행자로 하여금 물러섬이 없는 경지에 속히 도달하게 하는 삼매로, 작은 방편을 써서 큰 이익을 얻게 한다고 기록되어 있다. 법보(法寶) 사찰로 유명한 가야산 해인사의 이름이 이 말에서 유래되었음은 널리 알려져 있다.

이처럼 『화엄경』에서는 법계연기(法界緣起)로 이루어진 우주의 중중무진(重重無盡: 거듭거듭 다함 없는)한 생명의 장을 해인삼매로 표현한다. 삼매 중의 삼매인 해인삼매는 자아의식이 완전히 사라져 모든 업이 소멸된 무아의 지혜와 자비가 충만된, 맑고 청정한 비로자나 부처님의 세계를 뜻한다. 이 삼매는 수행자가 화엄의 10바라밀이 완성될 때 드러나는 세계라고 한다. 즉 생사의 공성(空性)을 여실히 깨닫게 될 때 생사에서 벗어나며 해인삼매에서 살게 된다. "보이는 물질이 곧 해인이요, 들리는 소리가 곧 장경이로다" 라는 성수 스님의 게송은 생사를 초월한 자리에서, 생사를 굴리는 삼매에서 나온 소리인 것이다.

삼매(三昧)란 일반적으로 심일경성(心一境性)이라 하여, 마음을 하나의 대상에 집중하는 정신력을 뜻한다. 마음을 한곳에 모아 움직이지 않는다는 의미에서 '정(定)'으로, 마음을 평정하게 유지하기 때문에 '등지(等持)', 또 정수(正受)·정심행처(正心行處) 등으로 의역한다. 일체의 자아나 사물이 공임을 깨닫는 공삼매(空三昧), 공이기 때문에 차별의 특징이 없음을 관찰하는 무상삼매(無相三昧), 무상이기 때문에 원해서 구할 것이 없음을 관찰하는 무원삼매(無願三昧)의 삼 해탈문(解脫門)은 핵심적인 삼매이다.

이 공(空)·무상(無相)·무원(無願·無作)의 삼 해탈문은 이미 『아함경』이 편집된 시대에도 설파된 근본불교의 법문인 동시에, 중국 선종 초기의 중요한 수행원칙이기도 하다. 때문에 수행의 목적인 동시에 과정이란 이중적인 뜻을 내포하고 있다. 수행자가 이 삼해탈을 성취하여 불퇴지(不退地: 더 이상 퇴보하지 않는 수행의 경지, 보살8지 이상)의 경지에 들어가야만 대삼매(大三昧)인 해인삼매를 증득할 수 있다고 한다.

엄마 젖이나 더 먹고 오너라

어느 날 한 수좌가 해인사로 와서 '생사 해탈'이 무엇인지를 물었다.

성수 스님이 수좌에게 물었다.

"자네 어디서 왔나?"

"범어사에서 왔습니다."

이 말이 떨어지기가 무섭게 스님은 "범어사 계곡에 고기가 많이 있는가?" 하며 반문하니, 수좌가 갈 바를 몰라 쩔쩔 매었다.

"이 놈! 너희 집의 보물은 놓아 두고 무엇하러 여기까지 왔느냐?"

스님이 이렇게 호령을 한 뒤에, "아직 덜 컷으니 어머니 젖이나 더 먹어라" 고 일할(一喝: 한번 고함침)을 했다.

🌀 사족

성수 스님은 '생사의 해탈 방법'을 묻는 수좌에게 범어사 계곡의 물고기가 많이 있는가를 질문하며, 자기 안의 보물을 먼저 살펴 볼 것을 지도하고 있다. '범어사 계곡의 물고기'가 마음 안에 갖춰진 자성불을 뜻함을 모르는 수좌는 순간적으로 어리둥절해져서 갈피를 못잡는다. 이때 성수 스님은 크게 할(喝)을 하며, '마음을 밝혀 성품을 본[明心見性]' 뒤에 다시 찾아오라고 호령하는 것이다.

예로부터 마음 밖에서 부처를 찾는 수행자는 부지기수로 많았다. 외도(外道)의 수행자는 물론이요, 불교 수행자 중에서도 마음을 찾는다고 말은 하지만, 실은 마음 밖으로 부처를 찾고 구한다. 찾고 구하는 그 마음 안에 모든 것이 갖춰져 있음을 모르기에, 찾고 구하는 마음은 이미 밖을 향한 망상과 번뇌일 뿐이다.

고려 때, 보조국사 지눌(知訥 · 1158~1210) 스님은 이러한 수행풍토를 개탄하며 다음과 같이 기록하고 있다.

"애닯다, 요즘 사람들은 어리석어 자기 마음이 참 부처인 줄 알지 못하고, 자기 성품이 참 법인 줄 모르고 있다. 법을 구하고자 하면서도 멀리 성인들에게 미루고, 부처를 찾고자 하면서도 자기 마음을 살피지 않는다. 만약 마음

밖에 부처가 있고 성품 밖에 법이 있다고 굳게 고집하여 불도(佛道)를 구한다면, 이와 같은 사람은 티끌처럼 많은 세월이 지나도록 몸을 사르고 팔을 태우며, 뼈를 부수어 골수를 내고 피를 내어 경전을 쓰며, 항상 앉아 눕지 않고 하루 한 끼만 먹으면서 대장경을 줄줄 외고 온갖 고행을 닦는다 할지라도, 그것은 마치 모래로 밥을 지으려는 것과 같아서 아무 보람도 없이 수고롭기만 할 것이다.”

-『보조국사 어록』-

보조지눌 스님은 “자기의 마음을 바르게 알면 수많은 법문과 한량없는 진리를 구하지 않아도 저절로 얻게 될 것이다”고 단언했다. 그래서 “수행하는 사람들은 결코 밖에서 찾지 말라. 마음의 바탕은 물들지 않아 본래부터 저절로 이루어진 것이니, 그릇된 인연만 떠나면 곧 당당한 부처다”라고 확신을 준다.

조계종의 근원, 임제종의 조사인 임제 스님은 마음이 곧 부처인 도리를 좀 더 구체적으로 설해주고 있다.

"그대들이 할아버지 부처님과 더불어 다르지 않고자 한다면 다만 밖으로 구하지 말라. 그대들의 한 생각 마음의 청정한 빛은 그대들 집안의 법신불(法身佛)이다. 그대들 한 생각 마음의 분별없는 빛은 그대들 집안의 보신불(報身佛)이다. 그대들 한 생각 마음의 차별 없는 빛은 그대 집안의 화신불(化身佛)이다. 이 세 가지의 몸은 그대들이 지금 내 앞에서 법문을 듣고 있는 바로 그 사람이다. 다만 밖을 향해 헤매면서 찾지만 않으면 이런 공용(功用)이 있다."

-『임제록』-

선(禪)에서는 이처럼, 밖으로 찾고 구하는 마음을 금기시 한다. 이 밖으로 구하는 대상에는 부처니, 조사니, 깨달음이니, 열반이니, 보리니 하는 온갖 개념과 상징, 언어, 관념이 모두 포함된다. 한 생각이라도 찾고 구하는 바가 있다면, 이미 밖을 향한 것이다. 찾고 구하는 것은 이미 찾고 구하기 전, 한 생각 일으키기 전에 갖춰져 있음을 모른다면, 어떠한 수행도 유위법(有爲法)에 머물고 만다. 이러한 인위적인 수행은 아무리 깊은 선정에 들어도, 곧 무너지는 운명을 지닌 것으로 한계를 지닐 수밖에 없다.

반대로 이 청정한 자성은 원만구족한 것으로서 '얻을
바도 없으며[無所得法]', '정해진 바도 없음[無有定法]'
을 알고 닦는다는 생각조차 없이 닦는다면 무위법(無爲
法)의 마음공부가 된다. 인위적인 유위행은 마음공부라고
는 하지만, 수행을 하면 할수록 고통에 빠지고 마는 사상
누각(砂上樓閣)과 같은 공부임을 알아야 한다. 선(禪)은
지금, 이 자리에서 '한번 뛰어넘어 여래의 지위로 곧장 들
어간다(一超直入如來地)'는 표현처럼, 철저히 무위법을
지향하는 최상승선임을 잊지 말아야 한다.

유·무 밖의 것을 일러주마

어느 날 해인사에서 좌담 도중에 노 화상이 성수 스님에게 말했다.

"눈이 있으면 모든 것이 보이고, 눈이 없으면 모든 것을 볼 수 없노라."

이에 성수 스님이 "있는 눈이 무엇이냐?" 고 반문하자, 노 화상은 팔을 들어 보였다.

곧이어 다시 성수 스님이 "어떤 것을 팔이라 하느냐?" 고 반문하니, 그는 또 들었던 팔로 원을 그려 보였다.

그 동작이 끝나기도 전에 성수 스님은 "우리 부처는 유·무를 말하지 않았거늘 화상은 유·무에 걸렸구나" 라고 말한 뒤에, "이제라도 늦지 않았으니 내 앞에 무릎을 꿇으면 유·무 밖의 것을 일러주마!" 라고 말했다.

🌀 사족

이 문답에서 노 화상이 말하는 눈은 지혜의 눈, 즉 선가에서 말하는 '외짝 눈[一雙眼]'을 가리킨다. 다른 말로는 '정수리의 눈[頂門眼]'이라 하여, 두 눈 위의 정수리에 외눈이 있다는 의미를 갖고 있다. 인도 종교의 최고신으로 세계를 창조한 대자재천(大自在天)은 정수리의 눈을 포함해 세 개의 눈을 갖고 있다는 설화에서 유래했다. 이 정수리에 있는 외눈은 지혜의 눈으로 일체 사물을 보는 초능력을 가지고 있다고 한다.

이처럼 훌륭한 식견이나 비범한 견해를 갖춘 것을 선가에서는 '정수리에 눈이 있다[頂門有眼]', '밝은 눈의 선승[明眼衲僧]'이라고 한다.『벽암록』에서 일척안은 '정수리의 눈'으로 '바른 눈[正眼]', '올바른 법의 눈[正法眼]', '마음의 눈[心眼]', '금강의 눈[金剛眼]'이라고도 하는데, 깨달음의 경지에 도달한 사람을 가리킨다.

불교에서는 일반적으로 '육체의 눈[肉眼]', '천인의 눈[天眼]', '지혜의 눈[慧眼]', '법의 눈[法眼]', '부처님의 눈[佛眼]'의 다섯 가지 눈을 설하고 있다. 여기서 육안은 보통 사람이 갖고 있는 육체적인 두 눈이다. 천안은 천인이 갖춘 미래를 예지하는 영적인 눈이다. 혜안은 지혜의 눈으로 일체개공(一切皆空; 일체만유가 공하다)의 이치를 보는 눈이다. 법안은 우주만물의 이치를 비춰 보는 눈인데, 차별계(差別界)의 실상을 보는 지혜의 눈이다. 불안은 모든 법의 실상을 비춰 보는 부처님의 눈이다.

외짝 눈은 이 다섯 눈의 기능을 모두 갖추고 있으면서 '흐름에 맡겨 자유로운[任運自在]' 살아 있는 작용을 한다. 이 눈은 자유롭고 걸림이 없어 일체를 남김없이 비추어 보는 능력을 갖춘 눈이다. 그러나 이 눈이 과연 있다고 해야 할까, 없다고 해야 할까. 없다고 하면 보는 지혜작용이 일어날 수 없고, 있다고 해도 찾을래야 찾을 수가 없으니, 이러지도 저러지도 못한다. 성수 스님이 유와 무를 초월한 답변을 요구하며, 백척간두로 노 화상을 밀어뜨린 이유도 이때문이다.

이는 "개에 불성이 있느냐, 없느냐" 하는 질문에, 조주 선사가 어떤 수좌에게는 있다고 하고, 또 어떤 수좌에게는 없다고 한 문답에서도 유사한 상황을 엿볼 수 있다.

어떤 수행자가 물었다.
"개에게도 불성(佛性)이 있습니까?"
조주 스님이 대답했다.

"없다."

그 수행자는 다시 물었다.

"위로는 부처님으로부터 저 아래로는 개미에 이르기까지 모두 불성이 있는데, 어째서 개에게는 없다고 하십니까?"

조주 스님이 대답했다.

"개에게 업식(業識)의 성품이 있기 때문이다."

『조주록』

1700 공안 가운데 가장 '사랑받는' 무자(無字) 화두의 기연이 된 선문답의 일부분이다. 조주 스님은 '개에게 불성이 있느냐'는 학인들의 질문에 대해 때론 '있다', 때론 '없다'고 답하면서 무수한 수행자들을 나아갈 수도, 물러설 수도 없는 진퇴양난의 경지로 몰아넣었다. 이 문답은 개와 불성에 관한 것이라 해서 '구자 무불성(狗子無佛性: 개에게는 불성이 없다)' 화두라 불린다. 이 화두는 사량·분별로는 접근이 불가능하기에 '왜 개에게 불성이 없다고 했을까?' 하고 스스로 화두를 들고 의심할 수밖에 없다.

그러나 불성에 대한 유·무 여부는 이미 부처님 당시에

도 화제가 된 문제였다. 부처님께서는 『열반경』에서 불성을 설하시면서 중도를 곁들여 이렇게 말씀하셨다.

"불성은 있는 것도 아니며 없는 것도 아니다. 또한 있는 것이며 또한 없는 것이니, 있는 것과 없는 것이 합하는 까닭에 중도라고 한다[佛性 非有非無 亦有亦無 有無合故 名爲中道]."

부처님께서도 이미, 조주 선사와 같이 불성에 대해 있다거나, 없다거나 하는 답변으로 고정적인 답변을 하고 있지 않음을 볼 수 있다. 여기서 불성은 비유비무(非有非無), 즉 있는 것도 아니며 없는 것도 아니다. 그런데 있는 것과 없는 것을 완전히 떠나면 역유역무(亦有亦無)이며, 또한 있는 것이며 또한 없는 것이니 있는 것과 없는 것이 서로 융합하게 된다. 그러므로 있는 것과 없는 것이 서로 통하므로 중도(中道)라 하는 것이다.

중도는 논리적으로 풀이하면 매우 복잡하지만, 진공묘유(眞空妙有)로 풀이하면 좀더 단순해 진다. 진공(眞空)이란 양변을 완전히 버린 쌍차(双遮), 쌍민(双泯), 쌍비(双非)에 해당한다. 공(空)과 유(有)가 상대적인 공이 아닌 공과 유를 다같이 버리는 것을 말한다. 물론 공과 유를 다같이 버린다고 하여 단멸공(斷滅空)에 떨어지면 치우친 견해가 되고 만다.

그러한 단멸공이 아닌 진공이 되면 상대적인 공과 유를 떠난 묘유(妙有)가 된다. 묘유란, 상대적인 공과 유가 서로 통하지 아니하여 공은 공, 유는 유로 대립하여 통하지 아니하지마는 그러한 상대적인 공과 유를 버리고 나니, 공이 즉 유이고 유가 즉 공인 공과 유가 서로 통하여 '색즉시공 공즉시색(色卽是空 空卽是色)'의 묘유가 성립된다는 것이다. 이것을 쌍조(双照), 쌍존(双存), 쌍역(双亦)이라고 한다. 큰 부정을 통해 큰 긍정이 이뤄진 셈이다.

중도의 이치를 통해 있는 것과 없는 것이 서로 통하고, 공과 색이 서로 통하고 선과 악이 서로 통하고, 부처와 중생이 서로 통하게 된다. 그러므로 진공이 쌍차이며 묘한 있음이 쌍조이니, 진공묘유의 도리를 알아 진공과 묘유가 둘이 아니게 원융하게 통하는 것을 차조동시(遮照同時)라 한다. 유와 무에 걸림이 없으면서도 양자를 초월해 유와 무를 드러내는 것이 유·무 밖의 것을 알고 쓰는 도인이라 할 수 있다.

집에 돌아가서 닭 우는 소리를 보라

경남 합천에 사는 한 거사가 해인사로 와서, 애원하며 말했다.

"스님만 좋은 길을 가지 마시고 진흙물에 빠져 있는 이 불쌍한 중생도 좀 살려 주십시오."

성수 스님이 말했다.

"거사야! 어서 집에 돌아가서 닭 우는 소리를 보라! 그 소리는 우주에 가득 차 있다는 뜻이니, 그것은 마치 못 속에 물이 가득 차 있는 것과 같아서, 그처럼 차 있는 소리를 보면 곧 진리가 인식되리니, 그 소리를 볼 수 있을 때 비로소 진흙물도 없고 빠질 곳도 없으며 고락(苦樂)이 없는 도리를 알리라!"

🌸 사족

『벽암록』에 '견색명심 문성오도(見色明心 聞聲悟道)' 라는 선어(禪語)가 있다. 사물의 색상에 응하여 심성을 밝히고, 자연의 소리로 본성을 깨친다는 뜻이다. 선사들이 깨닫는 순간의 기연을 살펴 보면 닭 우는 소리나 기왓장 깨지는 소리에 깨닫거나, 복사꽃이나 손가락 들어 올린 것을 보고 깨닫는 등, 소리나 색이 마음을 밝히는 직접적인 계기가 된 경우가 많다. 또 옆구리를 얻어맞거나 몽둥이로 등을 맞는 등 신체적인 접촉을 통해 깨닫는 기연도 적지 않다. 이는 빛깔·소리·향기·맛·감촉·의식 등의 '여섯 가지 경계[六境]'와 눈·귀·코·혀·몸·뜻의 6근(六根)이 하나가 될 때 안·이·비·설·신·의식 등 육식(六識)이 반야지혜로 전환되면서 깨달음의 기연이 촉발됨을 암시하고 있다.

나라고 하는 것이 사라진 무아지경(無我之境), 주관과 객관이 하나 된 주객일여(主客一如)의 상태에서 촉발되는 깨달음의 상태에서는 눈·귀·코·혀·몸·뜻의 구별이 무의미하다. 6근(根)·6경(境)·6식(識)이 사라진 경계에서는 소리와 빛깔, 눈과 귀라는 분별이 의미가 없게 된다. 이때는 몸과 마음이 둘이 아니요[心身一如], 나와 경계가 둘이 아닌[身土不二] 까닭에 온몸으로 보고 듣는 지혜작용이 비로소 가능해지는 것이다.

『벽암록』에서 도오 스님이 '온몸이 바로 손이고 눈이다[通身是手眼]' 라고 말한 것처럼, 온몸 전체가 손이 되고 눈이 된 경지에서 '지금 여기' 자신의 지혜로운 일을 하는 것이 깨달음의 작용이다. 손뿐만 아니라 다리나 머리도 눈이 되는 것처럼, 온몸 전체가 원통하고 무애자재한 지혜를 펼치는 천수천안 관세음보살의 묘용을 나타낸다. 손이 1000개, 눈이 1000개라 하더라도 어느 하나의 손과 눈에만 마음이 쏠리고 머무르면, 999개의 손과 눈은 따로 놀고 만다. 마음을 어느 하나의 손과 눈에 머물지 않는 무주(無住)·무심(無心)의 경지에서만 1000개의 손과 눈이 하나의 감각기관처럼 자유자재로 활용될 수 있다는 것이다.

『장자』에서는 백족(百足: 지네) 이야기를 통해 온몸이 눈과 발이 되는 도리를 비유하고 있다. 아무 생각 없이 가던 지네가 하나하나의 발을 의식(분별)하기 시작할 때, 오도 가도 못하는 지경에 처하고 만다는 이야기다. 즉, 무심의 경지에서 온몸을 자유롭게 움직여 지금 여기서 오롯이 자신의 일에 몰두할 때, 편안하고 지혜로운 삶이 펼쳐진다는 비유이다. 괜히 번뇌·망상을 일으켜 중생심으로 분별의식을 조장하게 되면 불심의 지혜로운 생활이 죽어버린다는 것을 우화로 표현한 것이다.

'귀로 보고 눈으로 듣는다'는 이시목청(耳視目聽)의 경지를 『열자』에서는 천지 자연의 도리를 터득함을 비유하여 일컫는 말로 사용하고 있다. 성수 스님이 닭 우는 소리를 귀로 보게 될 때, 우주에 가득 찬 소리와 하나가 되어 도와 진리를 깨닫는다고 한 말도 이런 도리를 담고 있다. '닭 울음 소리를 보고' 진리와 하나 되면 본래 진흙물도 없고, 거기에 빠질 사람도 없으니, 괴로움과 즐거움이라는 이분법적 생각이 붙을래야 붙을 수가 없다.

합천에서 온 거사는 이러한 이치를 깨닫지 못했기에, 스스로를 진흙탕에 빠져 고통받는 중생이라 착각해서 그 고정관념으로부터 빠져나오지 못하고 있다. 그 거사를 진흙물에 밀어넣은 사람은 다른 사람이 아닌 자기 자신이었다. 원래부터 자유롭고 행복한 본래의 자기를 망각한 채, 망상과 집착에 가려 스스로 고통을 자초하고 살아가니 말이다.

그래서인지 수행자가 속박에서 벗어나 해탈하여 안심을 얻는 순간은 늘 비슷한 스토리일 수밖에 없다. 자신을 꼼짝달싹 못하게 결박하여 늘 불안한 마음으로 살아가게 한 놈이 다름 아닌, 자기 자신이었음을 자각할 때이다. 즉,

처음부터 결박이란 상태는 존재하지 않았는데, 스스로 결박되었다고 착각하고 있음을 뒤늦게 눈치챈 것이다. 그래서 '자승자박(自繩自縛)'이란 말의 깊은 의미를 알아차린다면 결박이 해소될 희망이 보인다고 할 수 있다.

달마—혜가 스님의 '안심법문(安心法門)'은 이러한 이치를 전형적으로 보여주는 문답이다.

어느 날 혜가 스님이 달마 대사에게 간청했다.

"마음의 평화를 구할 수가 없습니다. 스승께서 마음의 평안을 주시옵소서."

"그대의 그 불안한 마음을 내게 가져오라. 마음의 평화를 주리라."

"그 마음을 찾아도 찾을 수가 없습니다."

"찾을 수 있다면 어찌 그것이 그대의 마음이겠는가? 나는 벌써 그대에게 마음의 평화를 주었느니라."

달마 대사의 안심법문(安心法門)을 들은 혜가 스님이 크게 깨달았다.

-『무문관』-

옥수수는 익었는가?

한 노스님이 해인사에서 성수 스님에게 선의 원리를 물었다.

성수 스님은 이렇게 답했다.

"노스님! 저 옥수수를 보시오. 저이들은 수 개월 동안 자기 일을 완성했는데, 노스님은 수십년 동안 닦은 도가 익었습니까? 안 익었습니까?"

노스님이 갈 바를 못차리는 듯하여 스님은 다시 말했다.

"무정지물(無情之物: 무생물)에게 미안해 하고 부끄러워 할 줄 알아야 비로소 집 한 칸이라도 꾸려갈 수 있습니다."

🍀 사족

옥수수가 익었다'는 말은 마조 스님이 대매법상(大梅法常·752~839) 선사를 가리켜 칭찬한, '매실이 익었다'는 말과 같은 의미로 쓰였다. 옥수수나 매실이 익었다는 것은 깨달은 도가 더욱 깊어지고 원숙해졌다는 의미다.

성수 스님이 노스님에게 이런 질문을 던진 것은 노스님의 경지를 시험해 보는 의미도 있지만, 아마도 당신 스스로에게 다짐하신 말씀이기도 할 것이다. 이때만 해도 성수 스님은 아직 혈기왕성한 수좌였기에, 당신도 자만하지 않고 알갱이가 맺힌 옥수수를 더욱 잘 익히는 보임(保任) 공부를 하고 있었을 개연성이 높기 때문이다.

　　『경덕전등록』에 기록된 '매실이 익었다'는 기연을 살펴보면, 마음의 이치를 깨닫는 중요한 모티브를 얻을 수 있다.

　　마조 선사가 대매법상 스님이 산사에 머물고 있다는 소식을 듣고, 스님을 하나 보내어 안부를 물었다.

　　"스님께서는 마조 대사를 뵙고 무엇을 얻으셨길래 이 산에 사십니까?"

　　"마조 스님은 나에게 말씀하시기를 '곧 마음이요, 곧 부처다[卽心卽佛]'라고 하셨소. 그래서 나는 여기에 살게 되었소."

　　"마조 스님의 요사이 불법(佛法)에 변화가 있습니다."

　　"어떻게 변했습니까?"

　　"요즘은 '마음도 아니요 부처도 아니다[非心非佛]'라

고 하십니다."

"저 늙은이가 사람을 미혹하게 하는 것이 여전하구나. 네 마음대로 비심비불인가. 나는 즉심즉불이로다."

그 스님이 돌아와서 마조 스님에게 보고하자, 스님이 말했다.

"매실이 익었구나."

뒷날 한 스님이 향산 스님에게 묻기를 "대매(大梅; 큰 매실)란 무엇이며 무슨 뜻입니까?"

"진짜 사자란 뜻이로다."

이 뒤로 배우는 사람들이 점점 늘어나서 대매 스님의 도가 드러났다.

하루는 대매 스님이 상당(上堂)해서 대중에게 설법했다.

"너희들은 마음을 돌이켜 근본을 요달하라. 끝 가지를 쫓지 말 것이며 다만 근본을 얻으라. 만약 근본을 알고자 한다면 오직 자심(自心)뿐이리라. 이 마음이 원래 일체 세간과 출세간 법의 근본이니라. 그러므로 마음이 생하면 모든 법이 생하고 마음이 멸하면 모든 법이 멸하느니라. 마음은 단지 일체의 선악에 의거하지 않고 생기느니라. 만법의 근본은 자성의 여여함이로다.”

뒤에 방 거사가 대매 스님을 찾아와 물었다.

“오래 전부터 대매 선사의 명성을 들었지만 매실이 익었는지는 살펴보지 못했도다.”
“어디에다가 입을 대보려고.”
“입을 대면 백 갈래로 찢어지겠지요.”
“씨는 나에게 돌려다오.”

수행자가 도를 깨친 후에는 불법의 도리를 남김없이 환하게 이해하여, 스스로 입각점을 세울 수 있다. 더 이상 남들이 뭐라 하면 자기도 뭐라 하는 식으로 남의 말에 휘둘리지 않는다. 대매 스님은 마조 스님의 ‘마음이 곧 부처’라는 가르침에 깨달음을 깊이 체험하고, ‘마음도 아니고 부처도 아니다’ 는 정반대의 언구에도 전혀 흔들리지 않았다. 이제는, 대매 스님에게 어떠한 언구도 모두 그물이나 통발과 다름 없다. 물고기를 잡고 나면 고기 잡는 도구의 종류나 크기가 어떠한지는 더 이상 의미가 없기 때문이다.

그래서 대매 스님은 "이 영감탱이(마조 스님)가 사람을 현혹시키는 짓을 그칠 날이 없구나" 하고 스승에게 역설적인 독설을 퍼부으며, 은혜를 갚을 수 있는 것이다. 결국 '매실이 다 익었다'는 말은 대매 선사의 깨달음과 보임 공부가 이미 원만하고 성숙해졌음을 인가하는 말이다. '매실이 익었다'는 말은 훗날, 선사들이 선의 견해를 표현하는 소재가 되어 오늘날까지 널리 회자되고 있다.

보고 듣는 그대로가 본성(本性)이다

금능에서 온 한학자가 해인사에서 스님의 관행을 물었다.

성수 스님이 "석가요." 라고 하니, 그는 다시 "왜 중이 되었소?" 라고 물었다.

"이 세상에서 부처님이 제일 좋아서 중이 되었소."

"아! 그렇습니까?"

"유교는 무엇을 가지고 도덕경을 삼소?"

"중용(中庸)이요. 그것은 불가에서 말하는 성품과 같은 설이요."

"어떤 것이 성품이요?"

"태극(太極)이요."

"어떤 것이 태극이요?"

"그것은 곧 대사가 아니요?"

"나를 어디서 보았소?"

이렇게 되물으니, 그가 우물쭈물 하므로 스님은 다시 다그쳤다.

"내가 삼척동자가 아니라 했거늘, 눈을 똑바로 뜨고 자세히 본 뒤에 말하시오."

"아! 대사가 모르는 말이요."

"사람은 어디서 오고 어디로 가는 거요?"

"사람은 태극에서 나와 태극으로 가는거요."

"내가 태극이고, 태극이 곧 나라 했으니, 머리가 영리하고 둔한 것은 왜 그렇소?"

"태극의 청탁(淸濁: 맑고 흐림)이 있기 때문이요."

"학자님, 태극의 청탁을 어디서 보았소?"

여기서 다시 그가 어물어물하며 대답이 없자, 스님은 "80년 동안 헛밥 많이 없애고, 자기도 속고, 남도 속이는 죄가 산해(山海: 산과 바다)같이 쌓였으므로, 이제도 늦지 않으니 내게 무릎을 꿇으면 태극의 청탁 밖의 도리를 일러 주리라" 고 한 뒤에 다시 말했다.

"본성은 중용도, 태극도, 자성도 아닌 보고 듣는 모두가 그대로 이니라. 학자님, 배고프면 밥이나 먹고 졸음이 오면 잠이나 실컷 주무시오."

🌸 사족

성수 스님을 찾아 온 유교의 학자는 제법 무언가 아는 것이 있는 듯했다. 유교의 근본을 중용(中庸)이라 보고, 그것을 불가의 성품(性品)가 같다고 말할 정도였다. 그리고 '어떤 것이 성품인가?' 라는 성수 스님의 질문에, 태극(太極)이라고 거침없이 답했다. 다시 '어떤 것이 태극이요?' 라는 말이 떨어지자마자, '그것은 곧 대사가 아니요?' 라고 말할 줄도 알았다.

하지만 길면 꼬리가 잡히는 법. 사람이 영리하고 둔한 원인이 태극의 맑고 흐림 때문이라고 답변한 말이 꼬투리가 잡혔다. 맑고 흐린 양변(兩邊)이 있는 것이 어떻게 만물과 사람의 근원이 될 것인가. 그런 것이 있다면 맑고 흐림이 벌어지기 이전의 그 무엇이어야 하지 않을까. 그것은 태극이 성품이라고 한 말과 모순되는 말인 것이다.

성수 스님은 이 학자가 자기도 속고, 남도 속이는 단순한 알음알이로 공부해 왔음을 일깨우면서 '태극의 청탁 밖의 도리를 일러주겠다' 고 했다. '본성은 중용도, 태극도, 자성도 아닌 보고 듣는 모든 것이다' 라는 가르침이 그것이다. 이 본성은 중용이니, 태극이니, 자성이니, 본성이니 하는 말을 붙일 수도 없는 자리다. 옳고 그름, 음과 양, 맑고 흐림, 길고 짧음, 아름다움과 추함 등 양변이 벌어지기 이전의 자리인 동시에 양변을 초월하며 긍정하는 자리이기도 하다.

온갖 사량·분별심이 벌어지기 이전의 무심(無心)에 머문다면, 보고 듣는 그대로가 다른 것이 아니다. 마치 맑은 거울이 추하고 아름다운 온갖 물상을 비춰내듯이 말이다.

달마 대사는 『무심론』에서 이 도리를 다음과 같이 풀이하며, 수행자가 무심 속으로 곧바로 들어가도록 직지(直指)하고 있다.

"그대가 이해하지 못할까 하여, 내 낱낱이 설명하여 진리를 깨닫게 하겠다. 가령 보는 것을 예로 들어보자. 종일토록 보나 그것은 보는 것 없는 데서 나오므로, 보는 것 역시 무심(無心)이다. 듣는 것도 마찬가지로 종일토록 들으나 그것은 듣는 것 없는 데서 나오므로 듣는 것 역시 무심이다. 느끼는 것도 종일토록 느끼나 그것은 느낌 없는 데서 나오므로 느끼는 것 역시 무심이다. 알아보는 것도 종일토록 무엇을 알아보지만 그것은 느낌 없는 데서 나오므로 느끼는 것 역시 무심이다. 알아보는 것도 종일토록 무엇을 알아보지만 그것은 앎이 없는 데서 나오므로, 아는 것 역시 무심이다. 또 종일토록 짓고 만드나 짓는 것이 지음이 없으므로, 지음 역시 무심이다. 그러므로 보고 듣고 느끼고 알고 하는 것이 모두가 무심이라고 하는 것이다."

일러도 30방, 못 일러도 30방

성수 스님이 어느 날 해인사에서 좌선 중에, 노 화상이 와서 "내가 조사(祖師)의 어구(語句)를 묻겠다" 하며 말했다.

"일러도 삼십 방(棒: 방망이 질)이고 못 일러도 삼십 방이라 했으니, 자네가 한 말 일러라."

이 말이 떨어지자 마자, 성수 스님이 "이 못난 중에게 일러라 말아라 하지 말고, 묻는 노화상이나 한 번 똑똑히 일러 보시오" 하고 말을 하니, 그는 입을 떼지 못하고 물러갔다.

그것을 본 성수 스님은 너무 한심해서 "저런 중이 절집에서 한평생을 보냈으니 절집은 고사하고 선방이 벌써 망한지가 오래이구나" 라고 한마디 던졌다.

🌀 사족

노 화상이 '유(有)로도 대답하지 말고 무(無)로도 대답하지 말고 답해 보라'는 외통수의 질문으로 성수 스님을 몰아붙였다. 하지만 스님은 몸 돌릴 곳 없는 곳에서 기묘하게 화살을 피해가면서, 역공격을 감행해 유·무 양변에 떨어지지 않는 말로 노 화상을 굴복시켰다. 선가(禪家)에서는 일러도 30 방, 못 일러도 30 방인 이러한 상황에서 살아날 수 있는 검객만이 대장부로서 인정받는다. 이른바 '사구(四句)를 여의고, 백비(百非)를 떠나서' 한 마디 사자후를 토할 수 있는 이라야 진정한 선객(禪客)이라 할 수 있다.

사구와 백비란 불법의 진실을 밝히기 위한 일체의 사고와 언설을 가리키는 말이다. 사구란 일(一), 이(異), 유(有), 무(無)라는 근본 사구로 일체 존재를 논리적으로 분석하는 것이다. 이 근본 사구를 '부정의 부정'의 논법으로 더욱 세밀하게 구분하면 백비(百非)가 된다. 『능가경』에 "자각한 성지(聖智)의 경계에 일체법은 자기 마음으로 나타낸 것인데, 유·무 등의 사구를 여의고 자공상(自共相)을 여읜 것이다"라고 설하고 있는 것처럼, 절대의 진리는 일체의 언설과 개념을 초월한 입장을 말한다. 즉 진리의 세계를 언어문자로 표현할 수 없다는 불립문자의 의미이다.

이처럼 언어와 문자로 표현할 수 없는 것을 드러내는 것은 단순한 알음알이로는 불가능한 일이다. 막다른 골목에서 살아나, 오히려 살아있는 한 마디를 토할 수 있는 예리한 기봉(機鋒)은 하루 아침에 얻어지는 지혜가 아니다. 깨달음의 기연을 얻은 후에도 스승과 선지식, 도반과의 오랜 단련을 통해 저절로 몸에 배는 반사적인 지혜의 작용이기 때문이다.

『벽암록』에 등장하는 마조 문하의 서당(西堂)·백장(百丈) 스님의 뛰어난 대기대응은 '사구·백비를 여읜' 대표적인 선문답으로 꼽힌다.

어떤 스님이 마조 대사에게 질문했다.

"사구(四句)를 여의고, 백비(百非)를 떠나서 화상께서는 저에게 '조사가 서쪽에서 오신 뜻'을 곧바로 가르쳐 주십시오."

마조 대사는 말했다.

"나는 오늘 피곤해서 그대에게 말할 수 없으니, 지장(智藏)에게 물어보게나!"

그 스님이 지장 스님에게 질문하니, 스님은 말했다.

"왜 마조 화상께 묻지 않는가?"

"마조 화상께서 스님께 물어보라고 했습니다."

"나는 오늘 머리가 아파서 그대에게 말할 수 없으니, 회해(懷海) 사형에게 묻도록 하게!"

그 스님이 이번에는 회해 스님께 물었다.

그러자 회해 스님은 "나는 그 일을 전혀 알지 못한다"라고 대답했다.

스님이 이러한 전후 이야기를 마조 대사께 말하자, 대사는 "지장의 머리는 희고, 회해의 머리는 검다[藏頭白 海頭黑]"라고 말했다.

이 문답에서 지장 스님과 회해 스님은 '달마가 서쪽에서 온 뜻'을 언어 문자를 초월해 제시하고 있다. 이 문답에서 마조 대사는 '지장의 머리는 희고, 회해의 머리는 검다'라고 평했는데, 여기서 희고 검다는 분별에 매여서는 안된다. 행여나 누가 옳았느니, 틀렸느니 하는 생각이 일어난다면 그것은 다시 사구·백비에 떨어진 사고이기 때문이다. 마치 학의 다리는 길고, 오리의 다리는 짧은 것처럼 희고 검은 색은 어떤 우열을 전제로 한 말이 아님에 유의해야 한다. 마조 대사와 그의 두 제자는 각자 독창적인 안목과 지혜로 불법의 대의를 설한 바 없이 잘 설하고 있는 것이다.

성수 스님과 노화상의 문답에서 '일러도 30방, 못 일러도 30방'에 해당하는 질문은 유로도, 무로도 대답하지 못하는 질문이다. 이러한 경우, 부처님께서는 침묵으로 응답한 경우도 있다. 부처님은 사리불에게 붓다가 침묵하는 세 가지 질문에 대해 다음과 같이 그 이유를 밝히고 있다.

"사리뿟따, 만약 그대가 나에게 이 세계가 시간적으로 영원한지 아닌지, 또는 공간적으로 무한한지 아닌지, 영혼과 육체는 동일한 것인지 아니면 영혼이 육체와 별개의 것인지를 묻는다면, 나는 이 모든 질문에 답하지 않고, 설명도 어떤 단언도 하지 않을 것이다. 무슨 까닭인가? 우선, 나는 그 가운데 어떤 것도 내 경험을 바탕으로 답할 수 없다. 나는 비범한 인식능력, 즉 초인적인 청력과 투시력을 계발했으며, 텔레파시나 과거를 소급해서 인지하는 고도의 초능력을 계발한 바 있다. 그러나 나는 우주의 시초를 감지할 수 없었으며, 세계와 인간 속에서 영원불멸의 실체를 보지 못했다. 무한하며 형언할 수 없는 궁극적 실재를 본 적도 없다. 어떻게 스스로 경험하지 않은 것을 설명할 수 있는가? '그것은 어떻게도 묘사되거나 한정지을 수 없는 것'이라고 말하지도 말고 침묵하는 것이 옳지 않겠는가? 만약 누군가 아무런 경험도 없이 설명했다면 그것은 겨우 가정된 전제에 의한 추론에 불과한 것이다."

-『싯다르타의 길』(숨)

'정감록'의 비결을 묻기에

어느 날 태백산에서 '양백(兩白)'을 찾던 도학자들이 "스님을 찾아가면 무엇이든 가르쳐 준다는 소문을 듣고 찾아왔다"고 했다.

이에 성수 스님은 "학자님, 그것은 헛소문이요" 라고 한 뒤, "무엇을 물어보러 왔소" 하고 물었다.

그러자 그들은 한평 등지에서 살았는데 『정감록(鄭鑑錄)』 비결(秘訣)에 '구인종(求人種)은 양백(兩白)이라' 되어 있기에, 합병 이후부터 오늘까지 양백을 찾았으나 찾지도 못하고 자식들은 문맹인이 되었고, 이토록 고생만 하고 있다고 했다.

도학자가 이렇게 말한 뒤 물었다.

"대사님, 양백을 알고 계십니까?"

"아무렴 알고 말고."

"그 양백을 저희에게 가르쳐 주시면, 이제 죽어도 한이 없겠습니다."

이에 스님이 가르쳐줄 수 없다고 하니, 그들은 더욱 애절하게 애원했다.

하는 수 없이 스님은 "그토록 알고 싶다면 내일 아침 목욕을 하고 의관을 갖춘 뒤에 내게 절을 하면, 가르쳐 주겠소" 라고 했다.

이튿날 그들은 스님이 말한 그대로 갖추고 와서 양백을 다시 물었다.

스님은 "구인종(求人種)은 소백산도 태백산도 아니고 '심청백 신청백(心淸白 身淸白)' 이니라" 했더니, 그들은 '구인종 양백' 의 뜻을 타파한 후 절을 하고 물러 갔다.

🌀 사족

『정감록(鄭鑑錄)』은 저자나 연대가 미상인 미래의 국운을 대화 형식으로 기록한 토종 예언서다. 내용은 조선의 조상이라는 이심(李沁)과 조선 멸망 후 일어설 정씨(鄭氏)의 조상이라는 정감(鄭鑑)이 금강산에서 마주앉아 대화를 나누는 형식으로 엮어져 있다. 조선 이후의 흥망대세(興亡大勢)를 예언하여 이씨의 한양 도읍 몇백 년 다음에는 정씨의 계룡산 도읍 몇백 년이 있고, 다음은 조씨(趙

氏)의 가야산 도읍 몇백 년, 또 그 다음은 범씨(范氏)의 완산(完山) 몇백 년과 왕씨(王氏)의 재차 송악(松嶽: 개성) 도읍 등을 논하고, 그 중간에 언제 무슨 재난과 변고가 있어 세태와 민심이 어떻게 되리라는 것을 차례로 예언하고 있다. 비록 허무맹랑한 도참설·풍수설에서 비롯된 예언이라 하지만, 당시 오랜 왕정(王政)에 시달리며 조정에 대해 실망을 느끼고 있던 민중들에게 끼친 영향은 지대하였다. 실제로 광해군, 인조 이후의 모든 혁명운동에는 거의 빠짐없이 정감록의 예언이 거론되기도 하였다. 그러나 우매한 백성들이 이 책의 예언에 따라 십승지지(十勝之地: 천재지변이나 전쟁이 일어나도 안심하고 살 수 있다는 열 군데의 땅)의 피란처를 찾아 나서는 웃지 못할 희극을 수없이 연출시킨 것은 이 『정감록』의 폐해였다.

위의 문답은 이 책 앞 부분에 등장한 문답에서 재일교포가 해인(海印)을 찾는 광경과 매우 유사하다. 그 재일교포가 해인을 진귀한 보물로 착각하고 남한 땅 구석구석을 찾아다닌 것처럼, 이 도학자들도 양백(兩白)을 이 산, 저 산에서 찾고 있다. 그러나 해인이나 양백을 평생에 걸쳐 들과 산으로 찾아다닌들 찾을 수 있겠는가. 그것은 마음 밖에서는 찾을 수 없는 내 안의 보물이자 안심처(安心處)이기 때문이다.

『유마경』에는 "맑고 깨끗한 불국토를 원하거든 마땅히 그 마음을 깨끗이 하라. 마음이 맑고 깨끗해짐에 따라 불국토는 깨끗해지는 것이다" 라는 말씀이 있다. 성수 스님은 이러한 '심청정(心淸淨) 국토청정(國土淸淨)'이라는 유명한 법문을 설하듯이, '사람을 구하는 종자[求人種]'는 마음과 몸이 '맑고 밝은[淸白]' 것, 즉 '양백'이라고 자상히 일러준다. 감사의 절을 하고 물러난 그들이 진정 깊은 도리를 체득했는지의 여부는 알 수 없지만, 그들이 더이상 밖으로 찾고 구하는 헐떡임과 어리석음을 덜어준 것만은 분명한 듯하다.

대승불교의 꽃이라 부르는 정토(淨土)는 자연과 생명이 청정하여 마음이 편안하고 즐거운 세계라고 한다. 원효 스님은 이러한 깨달음의 세계를 일심정토(一心淨土)라고 표현했다. 일심정토는 서방정토(西方淨土: 서방에 정토가 있다)와 유심정토(唯心淨土: 마음 안에 정토가 있다)를 다 함께 포용하는 개념이다. 그는 자비광명에 의지하거나, 스스로 닦아 나아가거나 간에 모든 수행문의 궁극은 '일체 경계가 일심'인 지혜를 증득하는 것이라 하였다. 일심의 지혜를 증득하면 자연히 동체대비심이 일어나 뭇 생명에게 이익이 되는데, 이것이 수행의 완성인 일심광명(一心光明)이다. 일체중생이 부처요 한생명임을 깨달아 보살의 광대한 원행을 구현하는 것이다. 이런 까닭에 일심을 맑고 밝히는 일이 자기도 살리고 세상을 구제하는 비결(秘訣: 앞날의 길흉화복을 얼른 보아서는 그 내용을 알 수 없도록 적어 놓은 글)이라 해도 과언이 아닌 것이다.

화두 담아갈 그릇을 가져왔느냐?

어느 날 한 스님이 와서 화두를 일러 달라고 애원하기에, 성수 스님은 "나도 모르는 화두를 대사님에게 일러 줄 수 없다"고 말했다.

그래도 그 스님이 막무가내로 달려들므로 성수 스님은 하는 수 없이 이렇게 말했다.

"내가 화두를 일러주는 것은 문제가 안된다. 자신의 화두를 담아갈 그릇을 가져 왔느냐?"

"이 법(法: 진리) 도둑놈아!" 하고 성수 스님이 할을 했더니, 그는 세 번 절하고 물러갔다.

그가 다시 와서 "화두라 하면 화두가 아닌데 무슨 화두를 달라고 했단 말이요?" 하고는 성수 스님에게 수없이 절을 했다.

스님이 "무슨 절인고?" 하고 물었더니, 그가 말했다.

"스님께서 화두를 일러 주지 않으신 은혜에 보답하는 절입니다."

이에 성수 스님은 이렇게 노래했다.

역대 불조는 중생에 누(累)가 적었고
말세는 자신도 모르는 누만 짓네.

🌸 사족

이 시절만해도 치열한 구도심에 화두 하나 타려고 애를
태우는 모습을 흔히 볼 수 있었나 보다. 하지만 요즘엔 간
절하게 화두를 받으려는 사람도 드물지만, 학인의 그릇과
기질에 맞는 화두를 줄 수 있는 선지식도 보기 힘들다. 심
지어 큰스님들 중에는 화두 받으러 오는 학인들에게 '무
자(無字)' 화두를 붓글씨로 써서 나눠주는 경우도 있다.
이렇게 화두를 일률적으로 주면 쉽사리 화두 의심이 들려
지기 힘든 것은 불을 보듯 뻔하다.

화두라는 것이 물건 처럼 주고 받는 것도 아닌데, 주고
받는다는 것도 사실 우스운 것이다. 참선 수행 과정에서
참으로 의심이 드는 문제를 선지식에게 묻고 대답을 들었
을 때 단박에 깨달으면 의심이 해결될 것이요, 깨닫지 못
하면 그것이 화두가 되는 것이다. 예로부터 선지식들은 불

법의 도리에 대해 쉽사리 입을 열지 않았다. 말과 글로 설명할 수도 없는 것이기에 그러하기도 하지만, 고의적으로 수행자의 분심과 의심을 촉발시키는 지혜로운 방편으로 활용하기도 했다.

위 문답에서 화두를 일러 달라는 학인의 애원에도 불구하고, 화두를 쉽사리 주지 않은 성수 스님은 결국 살아있는 화두를 준 셈이 되었다. 간절한 의문을 해결하는 것은 결국 자기자신일 뿐이다. 남이 그 답을 알려 준다고 한들 그것이 자기 살림살이가 되기는 거의 힘들다. 하나의 알음알이만을 보태줄 가능성이 훨씬 높기 때문이다.

이런 점에서 『위산록』에 기록된 향엄지한(香嚴智閑 · ?~898) 선사의 오도 기연은 수행자들에게 시사하는 바가 적지 않다.

위산영우 스님이 하루는 향엄 스님에게 물었다.

"그대는 백장 화상의 처소에 살면서, 하나를 물으면 열을 대답하고 열을 물으면 백을 대답했다고 하던데, 이는 그대가 총명하고 영리하여 이해력이 뛰어났기 때문인 줄 안다. 그러나 바로 이것이 생사(生死)의 근본이다. 부모가 낳기 전 그대의 본래면목은 무엇인가?"

스님은 이 질문을 받고는 말문이 막혀버렸다. 방으로 되돌아와 평소에 보았던 모든 책을 뒤져가며 적절한 대답을 찾으려고 애를 써 보았으나 끝내는 찾지 못하였다. 그래서 스스로 탄식하였다.

"그림의 떡은 주린 배를 채워주지 못한다."

그런 뒤로 스님은 여러번 위산 스님에게 가르쳐 주기를 청하였으나 그럴 때마다 위산 스님은 말하였다.

"만일 그대에게 말해 준다면 그대는 뒷날 나를 욕하게 될 것이다. 내가 설명하는 것은 내 일일뿐 결코 그대의 수행과는 관계가 없느니라."

스님은 이윽고 평소에 보았던 책들을 태워버리면서 말하였다.

"금생에서는 더 이상 불법을 배우지 않고, 이제부터는 그저 멀리 떠돌아다니면서 얻어먹는 밥중 노릇이나 하면서 이 몸뚱이나 좀 편하게 지내리라."

이리하여 눈물을 흘리면서 위산 스님을 하직하였다.

향엄 스님은 곧바로 남양(南陽) 지방을 지나다가 혜충 국사의 탑을 참배하고는 마침내 그곳에서 쉬게 되었다.

하루는 잡초와 나무를 베다가 우연히 기왓장 한 조각을 집어 던졌는데, 그것이 대나무에 '딱' 부딪치는 소리를 듣고는 활연대오(豁然大悟: 갑작스럽게 크게 깨침) 하였다.

스님은 급히 거처로 돌아와 목욕한 뒤 향(香)을 사르고 멀리 계시는 위산 스님께 절을 올리고는 말하였다.

"스님의 큰 자비여! 부모의 은혜보다 더 크도다. 만일 그 때 저에게 설명해 주셨더라면 어찌 오늘의 이 깨달음이 있을 수 있겠습니까!"

(이어 게송을 읊었다)

한 번 치는데 모두 잊었네[一擊忘所知]

다시 애써 더 닦을 것 없네[更不假修持]

덩실덩실 옛길을 넘나드니[動用揚古路]

초췌한 처지에 빠질 일 없어라[不墮悄然機]

곳곳이 자취가 없으니[處處無蹤迹]

빛과 소리 밖의 위의로다[聲色外威儀]

제방의 도를 아는 이들이[諸方達道者]

모두가 최상의 근기라 하리[咸言上上機].

성수 스님의 경책처럼 "자신이 화두를 담아갈 그릇을 가져 왔느냐?" 하는 반성은 수행자들에게 가장 절실한 자문자답이 아닐 수 없다. 구도의 과정에서 진실하고 간절하며 용맹스러운 순수함이 없다면 도를 퍼부어준들 담을래야 담을 수가 없다. 예나 지금이나 큰 그릇은 금방 만들어지지 않는 법이다.

그래서 '대기만성(大器晚成)'을 말한 노자의 뜻도 성수 스님의 견해와 다를 바 없다.

"가장 큰 인물이 도(道)를 들으면 힘써 행하려고 노력한다. 중간쯤의 인물이 도를 들으면 그 도에 대한 믿음과 의심이 반반이다. 가장 못한 인물이 도를 들으면 일소(一笑)에 부치고 만다. 그들의 웃음을 살 정도가 아니면 진정한 도라고 할 수 없다. 그래서 옛사람은 이렇게 말한다. 밝은 도는 어두운 것 같고 아주 흰 것은 더러운 것과 같고 넓은 덕은 부족한 것과 같고 변함없는 덕은 변하는 것과 같다. 아주 큰 네모는 구석이 없으며 큰 그릇은 늦게 만들어진다."

-『도덕경』-

모든 재산을 버리고 한 살짜리로 돌아가라

어느 날 스님이 토굴 뜰에서 밭을 닦고 있는데, 어떤 수행하는 스님이 와서 "스님이 성수 스님이십니까?" 하고 묻는다.

그런데, 그 묻는 태도가 기고만장하고 안하무인인 말씀씨였다. 성수 스님이 보건대, 그 스님은 도(道)가 차다 못해 몸 밖에까지 철철 넘쳐 흐르는 수좌 같이 보였다.

성수 스님이 밭을 닦고 잇을 때, 그가 대뜸 물었다.

"스님은 견성(見性: 본성을 깨닫다)했습니까?"

"나를 견성한 놈이 보면 견성했을 것 아니요?"

"저 뜰 앞의 국화도 견성했습니까?"

"그 국화도 견성한 이가 보면 견성했지."

"제기랄 것. 성수도 견성한 도인(道人)이라고 소문만 났지, 와 보니 별 수 없구나."

"아무리 좋은 부처님도 별 수 없는 인간에게는 별 수 없지?"

그랬더니 그가 또 자신의 혀를 치면서 "아, 잘못 왔구나" 하기에 스님이 "응, 어두운 중생이기에 남의 다리나 긁으러 다니지" 라고 했더니, 그가 문을 쾅하고 닫으면서 방으로 들어갔다.

그 다음 날 또 그가 나타났기에 성수 스님은 "세 푼도 못되는 도를 가지고 댓 량 짜리로 자랑 말고, 내 옆에서 도는 고사하고라도 사람이나마 제대로 되어야 하네" 라고 말했다.

그랬더니 그가 "사람 살려 주세요" 라고 하기에, 성수 스님은 "네가 가진 모든 재산을 몽땅 불사지르고, 한 살짜리로 되돌아 와서 밥먹을 때 밥이나 먹을 줄 아는 놈이 되어라"라고 할(喝)을 하면서 말했다.

"배가 고프면 밥이나 먹고, 뒤가 마르면 똥이나 누고, 졸음이 오면 잠이나 자세."

🍃 사족

이 문답의 구조 역시, '부처 눈에는 부처가 보이고, 돼지 눈에는 돼지가 보인다'는 앞의 문답과 유사한 형태이다. 무언가 얻은 것이 있어서인지 기고만장하고 안하무인이었던 그 수좌(首座)는 결국, 거듭된 성수 스님의 타이름과 경책으로 '사람 살려 주세요' 라며 항복하고 만다. '남의 다리나 긁으러 다니는' 이런 구도자들의 특징은 자신을 속이는 습관이 몸에 배어 있다. 자기 마음이 편안치 못하면서도 허세를 부리기 일쑤다. '내가 몇 십년 도를 닦은 수행자다', '내가 몇 십년 선방에서 밥을 먹은 수좌다' 하는 아만심으로 선지식을 저울질 하러 다닌다.

하지만 아집(我執)과 법집(法執)으로 가득 찬 안목 없는 구도자에게 어떤 도인도 도인으로 보일 리가 없다. 수많은 수행자들이 우러러 보고, 근엄하게 불자(拂子: 중생의 번뇌와 망상을 털어내는 먼지털이)를 든 채 뭔가 기가 막힌 아는 소리를 해야만 도인이라고 생각하기 때문이다. 이런 안목없는 수행자들은 문수보살이 눈앞에 나타나도 그를 알아볼 도리가 없다. 진정한 도인이나 삶의 고수는 '그 빛을 부드럽게 하여 세속의 중생과 함께 함[和光同塵]'을 알 턱이 있겠는가.

그래서 도를 찾는 수행자는 먼저 찾고 구하는 마음을 텅 비워 겸허해질 줄 알아야 한다. 그럴 때 선지식이 저절로 눈앞에 나타나고, 그 분의 한마디 말도 꿀꺽 삼켜서 자신이 가진 큰 의문을 해결할 수 있기 때문이다. 성수 스님이 '도는 고사하고 사람부터 되어라' 하고 경책한 것도 이때

문이다. 도는 알고 모르는데 있지 않다. 하나라도 얼마나
진실되게 자신의 것으로 받아들여 실천하는 데에 있다.

도림(道林 · 741 ~ 824) 선사와 백낙천의 기연은 이 점
을 극명하게 보여준다. 당대(唐代)의 대표적인 시인으로
유명한 백낙천(白樂天 · 772~846)이 항주의 자사(刺史)
로 부임했을 때 일화다.

백낙천은 항주에서 그리 멀지 않은 사찰에 도림 선사라
는 고승이 있다는 말을 듣고 직접 시험해 보고자 작정하고
찾아갔다. 도림 선사는 곧잘 경내의 노송(老松) 위에 올라
가 좌선하곤 했는데, 마침 이때도 노송 위에서 좌선하고
있는 중이었다.

이를 본 백낙천은 "스님의 거처가 너무 위험합니다" 하
니, 선사는 내려다 보며, "자네가 더 위험하네" 하였다. 이
에 백낙천은 "나는 이미 벼슬이 자사에 올라 강산을 진압
하고 안전한 땅을 밟고 있거늘 무엇이 위험하오" 라고 하
였다.

그의 자만심을 이미 꿰뚫어 본 선사가 "티끌 같은 세상
의 지식으로 교만심만 늘고 번뇌와 탐욕이 쉬지 않으니 어
찌 위험하지 않은가?" 하니 백낙천은 선사의 기개에 눌려

가르침을 청하였다.

선사는 이렇게 설하였다.

나쁜 짓은 하지 말고[諸惡莫作]

착한 일을 받들어 행하라[衆善奉行]

자기의 마음 맑게 하면[自淨其意]

이것이 곧 부처님의 가르침이다[是諸佛教].

백낙천이 실망하여 "삼척동자도 다 아는 것 아닙니까?" 하
니, 선사는 "팔십 노인도 행하기는 어려운 일이지" 하였다.

백낙천은 비로소 깨달은 바가 있어 지행합일(知行合一)
을 이루었다고 한다.

백낙천과 저 수좌처럼, 도인을 몰라 보는 실수를 저지르
지 않으려면 어떻게 해야 할까. 성수 스님의 말처럼 '자기
가 가진 모든 재산을 몽땅 불사지르고, 한 살짜리로 되돌
아 가야' 한다. 여기서 '재산'이란 것은 '나'와 '나의 것'
이라고 하는 생각, 법에 대한 집착이 모두 포함된다. 그러
한 집착을 모두 내려놓고 어린아이처럼 순진무구한 마음
으로 돌아가야만 (형상없는) 부처나 문수보살을 친견할

수 있다. 나와 법에 대한 집착을 모두 버리고 아공(我空)·법공(法空)의 도리를 요달하면 배 고프면 밥먹고, 졸리면 자는 일없는 삶 그대로가 도의 생활이 된다는 법문이다. 물 마시면서 먼 눈 팔지 않고, 밥 먹으면서 딴 생각하지 않는 사람이 과연 몇이나 될까.

수행인지 뭔지 다 버리고
한강에 가서 빠져 죽어라

어느날 점잖은 스님이 성수 스님에게 와서 "화두를 들고 십년을 해도 안됩니다" 하기에, 스님이 "10년이나 가지고 있던 화두가 뭐요?" 하고 다잡아 물었다.

그랬더니, 그가 어물어물하기에 이렇게 소리쳤다.

"10년이나 넘도록 가지고 있던 화두가 뭔지도 모르고, 가지고 있었다는 그 말부터가 거짓말이며 자신을 속이는 협잡꾼밖에 안되니, 공부인지 뭔지 다 버리고 한강에 가서 빠져 죽어라."

이 말끝에 그 스님은 자신의 허물을 돌아보고 대성통곡하며 물러갔다.

그후 3년이 지난 어느날, 그 스님이 다시 와서 이렇게 말했다.

"그때 점잔 뺐던 중은 한강에 던져 죽이고, 다시 새로 살아 온 중이올시다."

"중아, 우리 부처는 죽은 것도 아니요, 산 것도 아니다."

그가 다시 "해가 나오니 날이 밝아졌고, 해가 지니 날이 어두워졌네" 하기에, 스님은 "너는 밤송이 보고 밤이라 하는구나" 라고 말했다.

🍎 사족

'10년이나 가지고 있던 화두가 뭐요?' 이런 질문을 받았을 때, 자신있게 대답할 수 있는 수행자가 과연 몇 명이나 될까. 이 간단한 질문에 대답할 수 있는 자라면 화두를 순일하게 들고 있을 게 틀림없기에, 저 수행자와 같이 '화두를 들고 십년을 해도 안된다' 는 하소연을 하지는 않았을 것이다.

이처럼 화두가 무엇이며, 어떻게 참구해야 하는가를 정확히 아는 것은 간화선 수행의 처음과 끝이라 해도 과언이 아니다. 아직도 화두 드는 법에 대해 자신이 없는 수행자는 전강 스님의 '화두 드는 법' 을 다시 한번 되새겨 보자.

어떤 스님이 조주(趙州) 스님에게 묻되, "개가 불성이 있습니까 없습니까?"

조주 스님이 답하시되 "무(無)"라 하셨으니, 이것이 '무자(無字)' 화두의 시초인 것이다.

종문중(宗門中)에서 이 '무자'를 제일 많이 칭찬을 해놓았으니 '무자' 화두에 대해서 말씀해보면, 부처님께서는 일체 중생이 모두 불성이 있다고 하셨는데 조주 스님만은 왜 '무'라고 하셨겠는가?

이 '무자'에 대해서 있다 없다, 있는 것도 아니고 없는 것도 아니다, 참으로 없다, 허무(虛無)다, 이와 같이 이리저리 두 갈래로 분별하지 말고 능소(能所)가 끊어지고 상대도 없이 다만 홀로 "어째서 '무'라 했는고?" 하고만 생각해라. 여기에는 공(空)도 또한 거둘 수 없으며 유상(有相)과 무상(無相)을 붙일 것도 없다. 필경 알 수 없는 의심 하나만이 남으니 이것만 추켜 들어라. "조주 스님은 어째서 '무'라 했는고?"

이렇게 화두를 지어감에 망념이 일어나지 않을 수가 없다. 왜냐하면 중생살이 전체가 망상으로 이루어졌기 때문이다. 화두가 잘 된다, 잘 안된다, 망상이 생긴다, 마음이 산란하다 등의 생각이 있으면 화두의 순일지묘(純一之妙: 한결같이 묘한 상태)가 없게 되는 것이니, 일어나는 망념이 무엇이든 간에 그것을 상관도 말며 두려워도 말 것이다. 그대로 내버려 두어라. 그리고는 그저 알수 없는 의심 하나만 간절히 간절히 일으킬 것이며, 없어지거든 또 일으키고 부지런히 거각하여 끊어지지 않게만 자꾸 이어주어라. 이렇게 오래오래 물러나지만 않고 해나간다면 견성 못할까 걱정할 것도 없는 것이다.

또한 공부를 지어감에 속효심(速效心: 빨리 효과를 보려는 마음)을 내기가 쉬우나 이는 절대 금물이다. 이것으로 인해 마음이 급해지고 생각이 쉬어지지 않게 된다. 이렇게 되고 보면 화두는 점점 멀어지고 자리가 잡혀지지 않게 된다. 또 공부 지음에 깨닫기를 기다리는 마음을 두지 말아야 한다. 자연적으로 일어나는 망념은 할 수 없거니와 '크게 깨달아야겠다' 라는 망념을 고의로 일으킬 필요는 없는 것이다.

'좌선함에 눈을 감고 하는 수가 많은데 눈을 감고 할진댄 혼침(昏沈: 졸음)과 무기(無記: 멍청함)에 떨어지기가 일쑤며, 또한 흑산하귀굴(黑山下鬼窟: 흑산 아래의 귀신굴)에 떨어진다' 고 고인이 밝게 말씀하셨으니, 두 눈을 평상으로 뜨고 허리는 쭉 펴고 맹렬하면서도 간절한 마음으로 알 수 없는 의심 하나만 깨끗이 자꾸 일으켜 매하지 않게 할 따름이다.

정좌(正坐)하여 숨을 천천히 내어쉬되, 단전 부위를 허리쪽으로 살며시 당기면서 천천히 내쉰다. 그 다음 들어오는 숨은 팔부쯤 들어 마신다. 그때 자기 신체기량(身體氣量)에 따라 잠깐 멈추되 고통스럽지 않을 만큼 하면 족하다. 이때 화두는 단전(배꼽 밑 일촌 삼푼)에 두고 의심을 잘 관(觀)해야 한다. 그리고 이 호흡법은 숨을 내쉴 때 묘가 있는 것이니 코에 부드러운 털을 대어도 흔들리지 않을 정도로 천천히 쉬되 이때도 역시 화두를 잘 관해야 한다. 들어가고 나오는 숨에는 상관 말고 오직 단전에 둔 의심만을 묘하게 관해야 한다. 처음에는 잘 되질 않으나 언제든지 생각이 나거든 서너 번씩 하다가 차츰 길들여 가면 머리가 청쾌해지고, 정신이 맑아지며, 눈이 깨끗해짐을 느낄 것이다. 나중에 화두가 순일해지면 자기도 모르는 사이에 호흡이 자연히 잘 되는 것이다.

-『언하대오(言下大悟)』-

화두에 대한 잘못된 고정관념을 성수 스님의 할(喝)로

내려놓게 된 그 스님이 이러한 화두 참구법을 제대로 알게 되었는지, 다시 찾아 온 뒤의 목소리에는 활기(活氣)가 가득 배어 있다. 마치 죽었다 살아나온 사람처럼 환골탈태(換骨奪胎)한 모습에 성수 스님도 기특해서인지, '해가 나오니 날이 밝아졌고, 해가 지니 날이 어두워졌네'라고 한, 그러한 경지에도 머물지 말고 더욱 정진할 것을 당부한다.

한강에 빠져 죽었다가 다시 살아나온 듯한 이 스님의 변화는 선가의 '대사일번(大死一番: 크게 한번 죽어야 한다)'이란 말을 떠올리게 한다. 그렇다면 무엇을 죽이라는 말인가? '나(我)'라고 하는 생각, '나의 것[我所]'이라고 하는 모든 것, 즉 나의 모든 분별·집착과 번뇌·망상을 모조리 죽이라는 말이다. '거짓 나'를 죽이고 또 죽여서 나라는 것이 없어졌을 때 비로소 '본래의 얼굴[本來面目]'이 드러나기 때문이다.

이처럼 크게 죽었다 살아나기 위해서는 모든 집착과 망상을 버리고 또 버리는 방하착(放下着) 공부가 전제되어야 한다. 비우고 또 비워서 마음이 모든 집착으로부터 벗어나 안심(安心)을 얻으면 비로소 제대로 쉬[休]게 되는 것이다.

여기서 죽여야 할 대상에는 깨달음이니, 보리니, 열반이니, 해탈이니, 부처라고 하는 최후의 집착마저도 예외가 아니다. 조금이라도 인위적으로 무엇을 할려고 하는 즉시 어긋난다는 것을 '동념즉괴(動念卽乖)'라 한다. 한 생각만 움직여도 곧 어긋나기에 입을 여는 즉시 틀려버린다. 이를 '개구즉착(開口卽錯)'이라 하였으니, 종일 법을 설할지라도 근본에 있어서는 모두 다 마군(魔軍)의 업이라 한 것이다.

그래서 고인들은 화두를 '생각이 일어나기 이전 자리에 머무는 것'이라 했다. 부모에게서 몸을 받기 전, 선과 악이라는 분별이 벌어지기 전, 부처와 중생이 나뉘기 전의 자리에 머물기 위해서는 어떻게 해야 할까. 끊임없이 아상(我相)을 내려놓고 비우고 쉬는 작업을 통해 크게 한번 죽는 과정이 필요함을 선사들은 간절하게 일러주고 있는 것이다.

강냉이가 익기 전엔 나오지 않겠다

성수 스님이 우연히 한 노스님을 만나서 그의 걸망을 대신 지고 가다가 한 정자나무 아래서 쉬면서 한담하였다.

"노스님, 저 옥수수는 누렇게 익어가는데, 노스님 공부도 다 익어갑니까?" 노스님이 함구무언(緘口無言: 입을 다물고 말이 없음) 하고는 성수 스님이 졌던 걸망을 자신이 지고 갈라 하기에 "왜 노스님 혼자 갈려고 합니까?" 하고 성수 스님이 물었다.

그러자 그 노스님 말씀이 "일생 중노릇 한 게 부끄러워 이 태백산에서 내 자신의 강냉이가 익기 전에는 나오지 않겠습니다" 하고는 사라져 버렸다.

그 후 스님이 혼자 곰곰이 생각하고 또 생각해 보니, 그 노승이 바로 당신을 가르쳐 준 스승인 줄 깨달았다. 왜냐하면 그 노승이 당신의 입을 빌려서 스님에게 '옥수수 법문'을 해 주신 것이 확신이 갔기 때문이다. 또 자신이 한 말에 대하여 책임감을 뼈저리게 느끼게 된 까닭이다. 스님은 '자기 열매가 익기 전에는 안 나와야 하는데 설익은 중들이 많이 나올 수록 불법은 점점 쇠퇴되기 마련인 것 같다'고 회상했다.

🌸 사족

이 문답 역시 앞에 등장한 '매실이 익었는가' 하는 법문과 유사한 내용을 담고 있다. 성수 스님을 만난 노승은 "옥수수가 익어갑니까?" 라는 질문에, 자신의 수행이 무르익지 않았음을 탄식하며 다시금 발심하는 기회를 얻는다.

그러나 이 문답의 참다운 묘미는 그 다음 장면에 나온다. '태백산에서 강냉이가 익기 전에는 나오지 않겠다' 는 노승의 말을 곰곰이 씹어 본 성수 스님은 노승이 오히려 당신을 가르쳐 준 스승임을 깨달았다. 그것은 '자신이 한 말에 대하여 책임감을 뼈저리게 느껴야 한다' 는 것이다. '옥수수가 익었느냐?' 는 질문을 한 성수 스님 스스로도 그 말에 책임을 져야 한다는 되돌아 봄이다. 설익은 스승이 되어 사람들을 가르칠 것인가, 아니면 잘 익은 매실이 되어 모든 수행자를 정법의 길로 이끌 것인가 하는 것은 오로지 각자의 양심에 딸린 문제이기 때문이다.

어느 정도 공부에 힘을 수행자들은 보통 남을 가르치려는 경향이 강하다. 그래서 공부가 부족한 사람을 보면, 무시하거나 호통을 치기 일쑤다. 이런 습관이 쌓이다 보면,

정작 자기 보다 뛰어난 선지식을 알아보지 못하는 지경에 처하기도 한다. 참다운 선지식은 얻은 바가 있어도 남을 억지로 가르치려 하지도 않으며, 더구나 남을 무시하면서 까지 자신의 수행력을 자랑하지도 않는다. 공부가 익어가 더라도 나보다 못한 사람이나 잘난 사람의 언행을 통해 역지사지(易地思之)하며 늘 자기를 되돌아 보는 것이 수행 자의 본분임을 성수 스님은 일깨우고 있는 것이다.

우리가 이 문답에서 또 한 가지의 교훈을 얻는다면, 내 주변의 모든 사람과 물건이 나의 수행을 이끄는 선지식 (善知識) 아님이 없다는 가르침이다. 구도자가 진실로 겸 허하고 간절한 마음으로 도를 찾는다면 우연이 보게 된 책 과 영화, 우연이 만난 사람들이 어느 하나 선지식 아님이 없다. 근대의 한국 선풍을 중흥시킨 경허 스님도 문 밖에 서 중얼거리는 사람의 목소리를 듣고 깨닫지 않았던가. 그 중얼거렸던 거사를 당시에는 그 누구도 선지식이라 인정 하지 않았겠지만, 그 때 그 장소에 있던 거사는 '소가 되더 라도 콧구멍 없는 소만 되면 되지' 라는 말로 경허 스님의 눈을 열어 준 선지식 역할을 한 셈이다.

6개월간 움직이지 않은 수좌

어느 날 성수 스님이 태백산 동암(東庵)을 갔더니 수행
승들이 한담 중에, 울진 불영사에 이갑(李甲)이라는 스님
에 대해 이야기하고 있었다. 그들에 따르면 이갑이란 스님
은 수개월 동안 등신(等身: 등신불처럼)이 되어 부동좌(不
動坐: 움직이지 않고 좌선하는 자세)로 앉아 있으며, 스승
이 입에 밥을 떠서 먹여 주면 삼키기만 한다는 것이었다.

그 사연은 이랬다. 그가 어느 해 가을 낙엽이 떨어지는
철에 발심하여 아들·딸 다 버리고 입산했는데, 스승의 일
을 돕느라고 한 해, 두 해 지내다가 6년만인 해방되던 해
봄에, 손님 밥상 차리다가 갑자기 무상을 느끼고 자신이
차리던 밥상을 몽둥이로 다 부시고, 그 몽둥이를 잡고 그
자리에 가부좌(跏趺坐)로 앉아, 6개월 동안이나 일어나지
않고 있다는 소문이었다. 즉 그의 스승이 공부 잘하려는
상좌에게 일만 시킨 죄책감에 참회의 마음으로 상좌 입에
밥을 먹이며, 전국에 선지식에게 부탁해 상좌가 일어날 것
을 설득시켰으나 끝내 일어나지 않는다는 것이었다.

성수 스님이 이 말을 듣고 100리가 넘는 길을 걸어가서,

그의 앞에 나아가 이렇게 호령했다.

"너, 이 밥도둑놈!"

이 한마디를 듣더니 그가 일어나서 스님에게 절을 하였다.

스님은 또 말했다.

"우리 부처의 진여(眞如)는 앉는 것도 아니요, 서는 것도 아니다."

그는 그 길로 성수 스님을 따라 같이 동암에 와서 공부를 열심히 했다.

이 이야기는 그 상좌처럼 뭔가 특이한 '용단'과 함께 이리로 오다가 안되면 저리로 갈 수 있는 '아량'이 절대로 필요하다는 것을 가르쳐 주는 일화이다. 물에 물탄 듯, 술에 술탄 듯, 미지근한 틀에 박힌 공부 가지고는 좋은 공부 기대하기가 어렵다는 뜻이다.

🗨 사족

수레가 가지 않을 때는 소를 때려야 할까, 수레를 쳐야 할까? 이 문답은 『마조록』에 등장하는 유명한 마전작경

(磨塼作鏡: 벽돌로 거울을 만들다)의 선화와 비슷한 예화
로 매우 흥미롭다.

마조도일(馬祖道一·709~788) 스님이 당(唐) 개원
(開院·713~742) 연중에 전법원(戰法院)에서 선정을 닦
던 중 회양(懷讓·677~744) 스님을 만났는데, 회양 스님
은 스님의 근기를 알아보고는 물었다.

"스님은 좌선하여 무얼하려오?"

"부처가 되고자 합니다."

회양 스님은 암자 앞에서 벽돌 하나를 집어다 갈기 시작
했다.

그러자 마조 스님이 말했다.

"벽돌을 갈아서 무엇을 하시렵니까?"

"거울을 만들려 하네."

"벽돌을 갈아서 어떻게 거울을 만들겠습니까?"

"벽들을 갈아서 거울을 만들지 못한다면, 좌선을 한들
어떻게 부처가 될 수 있겠는가?"

"그러면 어찌해야 되겠습니까?"

"소수레에 멍에를 채워 수레가 가지 않으면 수레를 쳐

야 옳겠는가, 소를 때려야 옳겠는가?"

스님이 대꾸가 없자 회양 스님은 다시 말했다.

"그대는 앉아서 참선하는 것(坐禪)을 배우느냐, 앉은 부처를 배우느냐. 좌선을 배운다고 하면 선(禪)은 앉거나 눕는데 있지 않으며, 앉은 부처(坐佛)를 배운다고 하면 부처님은 어떤 모습도 아니다. 머묾 없는 법에서는 응당 취하거나 버리지 않아야만 한다. 그대가 앉은 부처를 구한다면 부처를 죽이는 것이며, 앉은 모습에 집착한다면 그 이치를 깨닫지 못한 것이다."

가르침을 듣자, 스님은 마치 제호(醍醐: 우유에 갈분을 타서 미음같이 쑨 죽)를 마신 듯하여 절하며 다시 물었다.

"어떻게 마음을 써야만 모습 없는 삼매(無相三昧)에 부합하겠습니까?"

"그대가 심지법문(心地法門: 마음을 여는 법문)을 배움은 씨앗을 뿌리는 것과 같고, 내가 법요(法要: 진리의 요체)를 설함은 저 하늘이 비를 내려 적셔주는 것과도 같다. 그대의 인연이 맞았기 때문에 마침 도를 보게 된 것이다."

마조 스님이 다시 물었다.

"도가 모습(色相)이 아니라면 어떻게 볼수 있겠습니까?"

"심지법안(心地法眼: 진리를 보는 마음의 눈)으로 도를 볼 수 있으니, 모습 없는 삼매도 그러하다."

"거기에 생성과 파괴가 있습니까?"

"생성이나 파괴, 모임과 흩어짐으로 도를 보는 자는 도를 보는 것이 아니다. 나의 게송을 듣거라."

마음 땅은 모든 종자를 머금어[心地含諸種]
촉촉한 비를 만나면 어김없이 싹튼다[遇澤悉皆萌]
삼매의 꽃은 모습 없는데[三昧華無相]
무엇이 파괴되고 또 무엇이 이루어지랴[何壞復何成].

마조 스님이 덕분에 깨우치게 되어 마음[心意]이 초연하였으며, 10년을 시봉하면서 그 경지가 날로 더하였다.

예나 지금이나 왜 앉아야 하는 이유도 모른 채 앉아서 졸고만 있는 앉은뱅이 도인들이 적지 않다. 장좌불와(長坐不臥: 오랫동안 눕지 않고 앉아서 하는 참선)가 수행의 필수 조건인 것만은 아니다. 오히려 좌선과 일상생활이 끊어지지 않는 공부가 참된 공부에 가깝다. 그래서 일하고 밥먹고 똥싸고 휴식하면서도 공부가 이어지는 것을 일행

삼매(一行三昧)이자 나가정(大定)이라 한다. 참으로 큰 삼매는 좌선할 때나 움직일 때나 끊어짐이 없는 삼매임을 명심해야 한다. 들고 남이 있거나, 생겼다 사라지는 삼매는 유위법(有爲法)이므로 반드시, 무너지기 때문이다.

벽돌을 갈아서 거울을 만드려는 이러한 잘못된 수행의 예는 대통지승불(大通智勝佛)이 10겁을 앉아 있어도 성불하지 못한 까닭을 묻는 공안에서도 엿볼 수 있다. 대통지승불과 관련한 공안은 영원히 무너지지 않는 나가정을 이루려면 어떻게 깨달아야 할지, 중요한 힌트를 제공하고 있다. 10겁 동안 좌선해도 대통지승불이 성불하지 못한 까닭에 대해 임제 스님은 이렇게 밝히고 있다.

"대통지승(大通智勝) 부처님께서 10겁(劫) 동안 도량에 앉아 계셨지만 불법이 나타나지 않아서 불도를 이루지 못하였다고 하는데, 그 뜻이 무엇입니까? 스님께서 지시하여 주십시오."

"대통(大通)이라는 것은 바로 자기 자신이 어디에서나 만법은 성품과 모양이 없음을 통달하는 것을 대통이라 한다. 지승(智勝)이라는 것은 어디에서나 의혹이 없어서 한 가지 법도 얻을 것이 없음을 지승이라 한다. 불(佛)이란 마음의 청정한 광명이 온 법계를 꿰뚫어 비추는 것을 불이라 한다. 10겁 동안 도량에 앉았다고 하는 것은 10바라밀을 닦는 것이다. 불법이 나타나지 않았다 하는 것은 부처란 본래 생기는 것이 아니고, 법은 본래 없어지는 것이 아닌데 무엇이 다시 나타나겠는가? 불도를 이루지 못했다고 하는 것은 부처가 다시 부처를 지을 수 없다는 뜻이다. 그러므로 옛사람이 '부처님은 항상 세간에 계시면서도 세간의 법에 물들지 않는다' 고 하였다."

-『임제록』-

옛부터 공안으로 많은 사람들의 입에 회자되어 오던 『법화경』의 이야기를 임제 스님이 숨김없이 풀이해 준 법문이다. 여기서 중요한 가르침은 1만 가지 법이 그 성품과 모양이 없음을 확실히 알아, 한 법도 얻을 것이 없음을 의심치 않아서, 원래 있었던 청정하고 밝은 마음 그대로가 부처임을 깨닫는 것이 대승지승불이라 한 것이다. 이 공안은 형상과 고정관념에 국집하여 부처와 불법을 구하고 얻는 것이라 여겨 밖을 향해 찾아 헤매는 사람들을 경계한 법문이다. 지금 이대로의 그 마음을 두고 다시 마음을 찾는 것은, 찾는 그 마음이 그대로 마음임을 모르는 큰 병이다. 즉 '부처가 다시 부처가 되지 않는다'는 법문을 깊이 믿고 받아 지녀야만 비로소, 안심(安心)을 얻고 수행의 돌파구가 열리게 된다는 사실을 자각해야 한다. '에이 설마?' 하고 믿지 못한다면 '대도의 문없는 문[大道無門]'은 10겁이 지나더라도 열릴 기약이 없다.

효봉의 도를 내놓아라

성수 스님이 해방 후 해인총림(海印叢林: 해인사)에 갔더니 구산, 청담 두 큰스님이 채공(菜供: 반찬 담당 스님)이나 공양주(供養主: 절에서 밥 짓는 일을 주로 하는 사람)를 하라고 권했다. 그래도 스님이 말을 안 듣자 조실(祖室: 禪을 지도하는 큰절의 어른 스님)인 효봉 큰스님이 불러서 갔더니, 하심(下心)하는 마음으로 부엌에서 공양주를 하라고 설득하는 것이었다.

성수 스님이 대꾸했다.

"큰스님, 상심(上心)이 무엇인지도 모르는 놈에게 하심하라고 하시면 그것이 되겠습니까?"

효봉 스님이 함구무언 하다가 물었다.

"너는 그럼 무엇하러 왔노?"

"도를 배우러 왔습니다."

이에 효봉 스님이 "무자(無字)가 도니 7일내로 해결지어라" 하자, 성수 스님은 이·칠 일(14일)의 기간을 주십사고 애원했다.

그러자 효봉 스님이 "무자 도를 14일 내로 해결하지 못하면 너는 내 주장자에 맞아 죽어도 아무 말 못한다는 서약서에 도장을 찍어라" 하여 스님은 서약서에 지장(指章)까지 찍었다.

이어 성수 스님이 마음 속으로 7일 내로 해결하겠다고 다짐하고 불전에 가서 맹세를 하고 오니, 효봉 스님이 퇴설당으로 보내주었다. 그후 공부를 시작한 지 3일 만에 몸 전체가 빨갛게 달아오르니, 입승(立繩: 선방의 법규와 질서를 담당하는 스님)과 스님들이 쉬라고 만류했다. 하지만 막무가네로 '무자 도'와 싸우다 보니 밥 먹을 여가도 없으려니와 잠도 안오고 안절부절 못하고 화두와 싸웠다.

그러던 어느 날 우연히 열이 식어지면서 머리와 몸에서 서늘한 향기가 돌더니 몸과 마음이 마치 비 온 뒤 개인 날씨와 같았다. 그 길로 효봉 스님 방에 들어가서 당신이 일러준 '무자도'를 가져 왔다고 하니, 효봉 스님은 "그게 아닐세" 하고 손을 흔들어 보였다.

그래서 성수 스님은 "내가 가져 온 도는 도가 아니면, 효봉 도(道)를 내놓아라" 하고 효봉 스님을 쳤다. 그러자 효봉 스님은 "내놓고 있는데 네가 보지 못하지" 하셨다.

이에 성수 스님이 큰 목소리로 "천하의 만물은 무비선

(無非禪: 선 아닌 것이 없다)이요 세상만사는 무비도(無
非道: 도 아닌 것이 없다)”라고 읊었더니, 효봉 스님이
‘허 허’ 하고 웃었다. 그 뒤로도 성수 스님은 큰스님들 방
을 수시로 찾아가 애를 먹였다고 한다.

성수 스님은 뒷날, 구도자의 본분이 묻고 배우는데 의의
가 있다는 것을 이 일화를 통해 알리고 싶었다고 회고한다.

사족

수행자가 본성을 깨닫기 전에는 분별 · 망상에 사로잡혀
마음과 경계에 속아서 헤맬 수밖에 없다. 깨달음이란 문득
눈앞을 가로막고 있던 이러한 망상이 걷혀서, 언제나 마음
의 활동이 생생하게 드러나는 것이라고 할 수 있다. 어디에
도 막힘없이 언제나 생생하고 또렷하여 조금의 의심도 없
어서 어떤 알음알이도, 내세울 견해도 없는 것이다.

따라서 깨닫기 전의 하심(下心: 마음을 낮추는 공부)은
캄캄한 어둠 속에 있으므로 아는 것이 없는 하심이요, 깨
달은 뒤의 하심은 막힘없는 밝음 속에 있을 뿐 알음알이가

없는 하심이라 한다. 깨닫기 전에는 마음을 모르기 때문에 하심할 수밖에 없고, 깨달은 뒤에는 알 수 있는 마음이 없기 때문에 하심할 수밖에 없다. 결국 올바른 수행자의 마음은 언제나 하심일 수밖에 없다고 볼 수 있다. 때문에 올바른 수행자는 언제나 하심이어서 내세우고 주장할 일이 없으므로, 항상 시비·갈등에서 벗어나 있다. 수행이 깊어지고 깨달음이 확고해 질수록 더욱 시비·갈등으로부터는 멀어지게 되는 것이다.

위에서 성수 스님이 하심하지 않은 것은 아만심(上心) 때문만은 아니다. 오로지 깨달음을 향한 불타는 구도열이 하심과 상심을 초월해 드러나고 있을 뿐이다. 고인들은 "진실로 아는 것이 없어서, 진실로 하심한다면 깨달음은 멀지 않았다"고 했다. 아는 것이 남아 있어서 하심이 잘 되지 않는다면, 그 아는 것을 선지식에게 내보여서 점검을 받아, 그 아는 것이 사라져야 한다. 바른 선지식이라면 어떠한 알음알이라 하더라도 그 즉시 바로 부수어 버려서 가지고 있지 못하게 할 것이다.

그러므로 성수 스님이 무자 화두를 해결하고 얻은 견해를 효봉 스님에게 점검을 받고, 치열하게 문답을 주고받은 것은 건방진 행동이 아니라, 오히려 용기 있는 모습이다. 하심하라고 한다고 해서 자신의 견해를 소극적으로 나타내거나, 상대방의 의견을 무조건 받아들일 필요는 없다. 물론 자기 확신이 없는 상태에서 알음알이만으로 자기 것을 고집하는 것은 방망이를 맞아도 싸다. 그러나 효봉 스님이 한달 동안이나 문답을 주고 받으며 성수 스님을 상대해 준 것은 수좌로서의 기개를 인정한 것이 분명하다. '구도자의 본분은 묻고 배우는데 의의가 있다'는 성수 스님이 말처럼, 자기 확신에서 우러난 진실한 문답은 수행의 진보를 앞당기는 가장 중요한 공부이기도 하다. 만약 선지식에게 자신의 공부 견처를 내보일 용기가 없는 수행자라면 영원히 제자리 걸음을 면치 못할 우려가 오히려 크다고 할 것이다.

이 문답에서 성수 스님이 공부한 무자 화두(無字話頭)는 '이 뭣고?'와 함께 가장 대표적인 화두로 꼽힌다. 무자 화두 드는 법은 만공 스님이 덕숭산 전월사에 직접 쓴 아래의 「무자화두 드는 법」을 참고하는 것도 좋다.

한 중이 조주 스님에게 묻되, "개도 불성(佛性)이 있습니까?" 하니, 조주 스님은 "무(無)"라 하였으니, 조주 스님은 무슨 까닭으로 '무'라 일렀는고? 이 한 생각을 짓되 고양이가 쥐 생각하듯, 닭이 알을 품듯, 앞 생각과 뒷 생각이 서로 끊어짐 없이 샘물 흘러가듯 하여 가되, 아침 일찍 찬물에 얼굴을 씻고 고요한 마음으로 단정히 앉아 화두를 들되, 개가 불성이 있단 말인가, 없단 말인가? 있고 없는 것이 다 공하여 참으로 없단 말인가? 이와 같은 요별 망상은 옛 사당의 향로와 같이 고요하게 하고 화두는 성성(惺惺: 또렷 또렷함)하게 하여 밝은 달이 허공에 뚜렷하게 드러난 것 같이 하며, 망상은 적적(寂寂: 고요하고 고요함)하고 화두는 성성하여 마치 달과 달빛이 서로 떨어질 수 없는 것 같이 화두를 지어가라.

중 봐라! 중 봐라!

경북 문경 봉암사에서 새로 난 도인들이 모여서 새로운 불교 지도를 한다기에 성수 스님이 찾아 갔다. 그랬더니 보문, 성철 스님 등 쟁쟁한 스님들이 15명이나 공부하고 있었는데, 지도하는 방법이 매우 특이했다.

그때 봉암사에서는 장삼, 발우까지 모두 개량하고 있던 터였다. 그리고 성수 스님은 여기서 앉고 서고 먹고 자는 일로부터 사미승(정식 스님이 되기 이전의 학인스님)까지도 팔순 노인 신도에게 앉아서 절을 받는 것이라고 배웠다. 그래서 심신을 단련하는 수행을 익히기도 전에 이 세상에는 내가 제일이라는 생각이 클 대로 커서, 팔대 장삼에 반은 왕이라는 반왕갓을 쓰고, 여섯 고리를 단 육환장(六環杖: 스님이 짚는 고리가 여섯 개 달린 지팡이)을 짚고, 장엄하게 위엄을 떨치며 온 천지를 활보하고 다녔다.

그러다가 성수 스님이 어느 촌락을 지나던 중에 꼬마들이 놀다가 한 녀석이 "애들아, 저기 큰 중이 지나간다" 라고 소리를 치니, 그 많은 아이들이 모두 일어서서 성수 스님을 향해 "중 봐라, 중 봐라" 하고 소리를 질렀다.

이때 스님은 앞이 꽉 막혔다. 당신이 중은 고사하고 작은 벌레보다도 부족함이 많다는 것을 깨닫게 된 것이다. 스님은 그 자리에서 반왕갓, 육환장, 장삼을 불사르고, 때마침 천성산 조계암이 비었다는 말을 듣고 거기 찾아가서 생식, **벽곡**(辟穀: 곡식은 안 먹고 솔잎, 대추, 밤 따위만 날로 조금씩 먹음) 등으로 생활하였다. 이 어린이들이 성수 스님에게 큰 스승이 된 셈이다. 모든 일이 막바지에 이르면 극치가 이뤄지게 마련이다. 무엇이든지 남몰래 덤비고, 부스대는 사람에게 큰 지혜도 얻어질 것이라는 말이다.

성수 스님은 이 세상에는 그릇된 일이 없으면 좋은 일도 표가 안 나고, 중생이 없다면 부처도 무용지물일 것이라는 것을 알리고 싶어서 이 일화를 소개했다.

🌀 사족

부처님이 가섭(迦葉)에게 유마 거사의 문병을 말씀하시자 가섭은 이렇게 말했다.

"부처님, 저도 그 일은 감당할 수 없습니다. 저는 가난한 마을에서 걸식하던 일이 생각납니다. 그때 유마힐은 저에게 다가와 말했습니다.

'가섭이시여, 자비심이 있다 해도 부자를 버리고 굳이 가난한 사람에게서 걸식하는 것은 그 자비심을 널리 펴는 일이 못됩니다. 걸식은 평등한 법에 머물러 차례대로 행해야 합니다. 걸식은 식욕을 위한 것이 아니며, 음식을 얻기 위한 것도 아닙니다. 마을에 들어갈 때는 사람이 살지 않는 빈 마을이라는 생각으로 들어가야 하며, 형상을 보더라도 장님과 같이 보고, 들리는 소리는 메아리와 같이 듣고, 냄새는 바람과 같이 느끼고, 맛을 분별하지 않으며, 온갖 느낌은 깨달음의 경지에서 느끼듯 해야 하고, 또 모든 것이 꼭두각시와 같은 줄 알아야 합니다. 가섭이시여, 이와 같이 걸식한 한 끼의 밥을 모든 중생에게 베풀고 모든 부처님과 성현에게 공양한 다음에 먹을 수 있어야 남의 보시를 헛되이 먹었다고 하지 않을 것입니다. 이와 같이 먹을 수 있는 사람은 번뇌를 버리지 않고서도 해탈에 들고, 집착을 끊지 않고서도 바른 가르침에 들 수 있습니다. 보시하는 사람의 복덕도 많고 적음이 없습니다. 손해나 이득을 떠날 때 이것을 깨달음의 길에 바르게 들어갔다 하고, 자기

만의 깨달음을 구하는 길에 의지하지 않았다고 합니다.'

부처님, 저는 이와 같은 말을 듣고서 남에게 성문(聲聞: 부처님 육성법문을 들으며 공부한 스님들)이나 독각(獨 覺: 부처의 가르침에 의하지 않고 홀로 수행하여 깨달음을 얻은 사람들)의 수행을 권하지 않게 되었습니다."

-『유마경』-

탁발(托鉢)의 참뜻을 설한 법문이다. 승려가 마을을 다니면서 음식을 구걸하는 수행을 걸식(乞食) 또는 지발(持 鉢)·봉발(捧鉢)이라고 한다. 탁발은 인도에서 일반화되어 있던 수행자의 풍습이 불교에 도입된 것인데, 아상(我 相)을 버리는 중요한 수행의 일환으로 간주되었다. 탁발의 본래 취지는 수행자의 간소한 생활을 표방하는 동시에 아집과 아만을 버리게 하며, 속인에게는 보시하는 공덕을 쌓게 하는 데 있다.

성수 스님은 공부가 무르익기도 전에, 탁발도 하지 않고 반왕갓을 쓰고 육환장을 들고 장삼을 입으며 위엄을 갖추는 일을 스스로 자책하고 끝없는 하심 공부의 전범을 보이고 있다. "중 봐라, 중 봐라" 하며 성수 스님을 자극한 어린

아이들이 선지식이 될 수 있었던 것은 그만큼 스님의 도심 (道心)이 깊고 넓은 바탕을 갖추고 있음을 반증하는 것이기도 하다.

불교를 억압하고 유교를 숭상한 조선시대의 스님들은 시대적인 상황 속에서 하심을 실천할 수밖에 없었다. 하지만, 스님들이 지나치게 세속인들로부터 무시당하는 것은 불교 포교는 물론 교세 전체의 위축을 가져왔다. 성철 스님을 중심으로 한 봉암사 결사는 조선 왕조와 일제강점기를 거쳐 억압된 교세를 회복하고 승가의 위엄을 갖추기 위해 장삼과 발우 등을 개량했던 것이다. 그러나 스님들의 권위 회복을 위한 이러한 시도는 자칫 부처님 당시부터 전해져 온 하심 공부의 전통을 훼손시킬 우려도 있었던 셈이다. 성수 스님은 불교의 외형적인 발전과 존엄성을 갖추는 일도 중요하지만, 수행자 개인의 공부가 더욱 절실함을 깨달았던 것이다.

승가의 권위와 포교도 중요하지만 수행자 개인의 공부에 막대한 지장을 준다면 그러한 제도적인 틀은 오히려 수행의 걸림돌이 될 수도 있다. 공부를 위한 내적, 외적인 환경에 중도적으로 대응하며 깨달음을 향한 여정을 이어갈

수 있는 것은 늘 깨어있는 수행자의 지혜와 겸손에서 우러
나오는 진실의 힘이 아닐까. 성수 스님의 결단은 수행에
있어 가장 중요한 것이 무엇인지를 일깨우는 일화가 아닐
수 없다.

달 볼 마음이 없는데 손가락만 바쁘구려

구도에 급급하던 어느 날, 성수 스님은 상주 갑장사에 가서 금봉 화상을 뵈었다. 그런데, 때마침 성철 스님이 사흘 전부터 와서 서로 생식도 하고 같이 동거동락 하기로 의논이 되어 수행하고 탁마(琢磨: 옥이나 돌 따위를 쪼고 갈듯이 연마함)하는데, 성수 스님이 우연히 이들과 동참하게 되었다.

그런데 두 스님의 의견이 서로 엇갈려 서로가 나라는 아상이 있어 장벽이 무너질 것 같지 않게 보였기에, 성수 스님이 금봉 스님을 보고 쏘아주었다.

"성철 스님 보따리 못 풀면 스님도 자격이 없습니다."

"성수가 그 말 잘했다. 내가 항상 성철의 공부 병통을 일러 주기로 원을 하던 차에 마침 제 발로 걸어 왔으니 때는 왔다. 내가 만약 이런 기회에 성철의 병을 못 풀어주면, 성수 네가 천하에 다니면서 금봉 그 놈도 선지식 자격 없는 놈이라고 욕을 해라."

이렇게 호언장담을 한 후부터 금봉 스님이 성철 스님에게 "네가 얻은 도(道) 내놓아라" 고 달래고, 조르고, 사정

해도 성철 스님은 함구무언하니 금봉 스님은 애가 달아 이런 비유, 저런 비유, 여러 가지 재산(깨달아서 체험한 경지) 가진 것을 총동원해서 다그쳐도 성철 스님은 여전히 입을 다물고 있었다.

이러한 광경이 반복되자, 어느날 금봉 스님이 화를 벌컥 내면서 "이 놈아, 규중처녀(閨中處女: 집안에 들어앉아 있는 처녀)냐, 갓 시집 온 새색시냐? 왜 못 내놓느냐?" 하니, 성철 스님은 "자, 이렇게 강요하면 목이 날아가도 말하지 않는다" 고 하였다.

금봉 화상이 말하기를 "내가 10년 이상 같이 살던 대중을 다 보내고 너와 내가 둘이만 살자 할 때는 너의 병통을 탁마하자는 뜻인데, 탁마 못하겠으면 너도 가거라" 하고 쫓아버렸다.

성수 스님은 그 후에 금봉 스님을 보고 "물리지 않겠다는 고동이나 물려고 덤비는 황새나 두 스님이 똑같은 놈이로구나" 했다.

그랬더니, 금봉 화상이 일어나서 성수 스님에게 참회를 하려고 하자, 스님은 그에게 "금봉은 이게 무슨 장난이요?" 라고 할을 하면서 한마디 했다.

"달 볼 마음이 없는데 손가락만 바쁘구려."

🌸 사족

이 일화에서는 생전의 금봉, 성철 큰스님이 도반으로서의 우정과 친소(親疎)를 떠나 공부 과정이 매우 치열했음을 엿볼 수 있다. 사사롭게는 거마도 출입하지만, 공적으로는 개미 새끼 하나 통과할 수 없는 엄정함이 바로 갈고 닦는 탁마(琢磨)의 과정임을 여실히 보여주고 있다. 금봉 스님이 집요하게 성철 스님의 살림살이를 점검하려는 의도 역시 대단하지만, 끝까지 강요하면 말하지 않겠다고 버티는 성철 스님의 응수 또한 진귀한 거량으로 여겨진다.

그리고 이 모습을 지켜본 후 "물리지 않겠다는 고둥이나 물려고 덤비는 황새나 두 스님이 똑같은 놈이로구나" 하고 일갈한 성수 스님 역시 배짱이 두둑한 사자의 목소리를 내고 있다. 이에 대해 참회하려고 한 금봉 스님의 진솔한 모습이나, 이게 무슨 장난이냐며 되받아 치는 성수 스님의 자유자재한 문답이 우리 시대 선지식들의 활달한 공부 모습이 아닐 수 없다.

일반적으로 수행자는 달을 곧바로 보기 보다는 달을 가리키는 손가락에 넋이 빠지는 경우가 많다. 어떠한 법문이나 문답도 결국 심성(心性)을 밝혀 깨닫기 위한 방편에 불과하다. 그 방편에 국집하는 한 달을 보려는 마음은 어디로 가고, 손가락만 바쁠 수밖에 없다. 그래서 어떤 스님은 "참선이란 무엇인가요?" 이렇게 물으면 "양반이 왜 상놈이 되려고 노력합니까?" 라고 되묻곤 했다고 한다. 선(禪)은 우리가 논의해서 말로 하거나 들을 때 우리 눈동자에 모래를 뿌리는 일과 같다. 마치 달을 가리키는 손가락에 머무는 것처럼 말이다. 깨달은 분이 선의 본질을 드러내 대중에게 설법함에, 법문을 듣고 단박에 깨쳤다 하더라도 그것은 백옥 같은 맨살을 긁어서 상처를 낸 것과 같다. 즉, 법을 일러준 선사도 괜히 백옥같은 맨살을 긁어서 상처를 만든 것과 같고 질문해서 대답을 듣고 깨닫는 사람도 마찬가지라는 게 선이다.

이 일구(一句: 한 마디 깨달음의 말)의 세계는 모든 존재에 보편되어 있어서 진리이자 삶이자 사실이고 본래 모습인데, 여기에는 닦는다느니 증득한다느니 하는 말들이

군더더기이며 사족일 뿐이기 때문이다. 『선요(禪要)』에서는 '물을 져다가 우물에 붓듯이, 물에 비친 달 건지듯이 공부하라'는 법문이 있다. 우물에 아무리 물을 부어도 더 차지 않고, 물에 비친 달을 아무리 건지려 해도 얻어지지 않듯이 깨달아서 얻을 것이란 없다. 보고 듣는 그놈이 하는 일이니, 집착만 세탁해 버리면 된다는 가르침이다.

누더기 속의 옥동자, 설봉 대선사

어느 날 성수 스님이 부산 초량 금수사에 들렀더니 한 노승이 빨간 홍가사를 입고 심지법문(心地法門: 마음 땅을 밝히는 설법)을 설하고 있었다. 성수 스님은 그냥 갈 수 없어서 노승이 하단한 후에 인사를 드리고 나서 이렇게 물었다.

"현재 하신 법문이 당신 거요, 남의 거요?"

"내 것도 무진장(無盡藏)인데, 남의 재산 탐하겠소?"

"누더기 속의 옥동자로구나."

"요즘 선방에는 장값(찬값)하는 중이 있구려."

이렇게 말하며 노승이 미소를 띠우자, 성수 스님은 다음과 같이 노래했다.

모양은 남루하나 정신은 살아있네

이 분이 바로 설봉(雪峰) 대선사이다.

🌸 사족

"현재 하신 법문이 당신 거요, 남의 거요?" 하는 질문은 진정 자신의 깨달은 목소리로 법문하는가를 다그치는 질문이다. 이에 설봉 스님은 당당하게 "내 것도 무진장인데, 남의 재산 탐하겠소?"라며 확신에 찬 견처를 밝힌다. 자기 자신의 보물창고에 보물이 가득한데, 어찌 남의 것을 탐내겠느냐는 자신감의 표출이다.

그렇다면 내 안에 갖춘 무진장의 보배는 과연 무엇인가? 이에 대해 마조 선사는 그의 제자 대주혜해(大珠慧海) 선사의 질문에 대답하며 간결한 힌트를 주고 있다.

대주 선사가 물었다.

"제 자신에게 있다는 보물창고란 어떤 것 입니까?"

마조 선사가 답했다.

"지금 나한테 묻고 있는 그놈 안에 보물창고가 있다. 일체를 다 갖추고 있어 아무리 사용하여도 모자람이 없는데 어째서 밖으로 구하러 다니느냐?"

이 말에 혜해 선사는 눈 앞이 확 트이면서 대오(大悟)

하였다.

『대주 선사 어록』

설봉 스님과의 법거량에서 성수 스님이 "누더기 속의 옥동자로구나" 하는 말은 노승이 낡은 홍가사를 입고 있지만, 부잣집의 애지중지 하는 옥동자처럼 귀한 법문을 하고 있음을 찬탄한 말이다. 설봉 스님의 "요즘 선방에는 장값(찬값) 하는 중이 있구려" 하는 말 역시 선방에서 드물게 밥값하는 수좌가 있다는 칭찬의 말이다.

이 '장(醬)'과 과련해서는 마조 선사의 '소금과 장(鹽醬)' 법문이 유명하다.

강서(江西) 마조도일(馬祖道一) 선사에 대하여 회양(懷讓) 선사가 말하기를 "도일이 강서 지방에서 사람들에게 설법을 하면서도 전혀 아무런 소식을 전해오지 않는구나" 하고는, 스님 한 명을 마조에게 보내면서 당부하기를 "그가 상당(上堂)하기를 기다렸다가 나서서 묻되 '어떻소?' 하기만 하고 그가 무어라 하면 기억해 가지고 오라" 했다.

그 스님이 분부대로 가서 물으니 마조가 대답했다.

"오랑캐의 난리가 있은 지 30여년 동안 일찍이 소금과 장(鹽醬)이 없었던 일이 없었네."

『마조록』

남악에 있던 회양 선사가 강서에 머물던 제자 마조 대사의 공부가 어떠한지 사람을 보내 알아보는 장면이다. 달마가 전한 '무늬없는 도장[無文印]'은 여러 스승과 제자의 전법을 통해 이어지면서도 한 오라기라도 가감할 수 없고, 모양과 빛깔이 없으며, 주고 받을 수도 없는 이심전심의 도장이다. 스승인 회양 선사가 사람을 보내 '지금의 경계는 어떠한가?'를 물으니, 마조 대사가 대답한 것이 '소금과 장'이란 도장이다. '30년 난리에도 저(소금과 장)는 변함이 없습니다'라고 스승에게 답한 것이다. 회양 선사는 이 답을 어떻게 생각하였을까. '장맛이 제대로 들었구나' 하였으리라.

관세음보살의 출현과 경책

성수 스님은 불교 정화(淨化) 운동 직후에 의무적으로 어느 암자를 하나 맡아 청지기(양반집에서 잡일을 맡아보거나 시중을 들던 사람을 비유함) 주지가 되었다. 그러니 공부할 시간이 너무 없다고 하는 불만이 가슴에 가득 차 있었다.

어느 날, 성수 스님은 견디다 못해 한 사흘만이라도 조용한 토굴에 가서 실컷 앉았다가 와야겠다며 식량 서 되를 지고 비와 안개 속을 가다 보니 옷이 흠뻑 젖고 말았다. 빈 토굴을 발견하여 거기 들어가서 불을 지피고 옷을 벗어 말리면서 "아따, 내가 살 곳은 바로 여기로구나" 하고는 발가벗은 알몸에다가 가부좌로 주장자를 메고, 청량고(清凉鼓)를 버티고 앉았다.

그렇게 앉아 있기를 한 시간도 못 되어서 사람의 기척소리가 들리므로, 성수 스님이 젖은 옷을 두루 주워 입고 있는데, 어떤 여인이 앞으로 다가 오더니 말을 거는 것이었다.

"왜 이 깊은 산 속에 혼자 삽니까?"

"내가 살던 곳에는 시끄럽고 분주해서 조용한 산 속에 와서 공부해 볼려고 왔습니다."

"이 산속의 새 소리, 물 소리는 시끄럽지 않습니까?"

여인의 이 말을 듣고 성수 스님은 그만 입이 딱 붙어서 한참 말을 못했다. 그 여인이 이 광경을 보다가 하도 딱한 지 그만 물러가고 말았다. 꼼짝달싹 못하고 당한 것이다. 성수 스님이 그 여인의 모습이라도 한번 다시 보려고 나가서 찾아 보았으나, 어디로 갔는지 자취를 감추고 없었다.

곰곰이 생각해 보니 스님은 "조용한 장소나 찾아 다니는 어리석은 놈"이라는 것을 스스로 깨달았다. 그래서 그 길로 하산하여 먼저 있던 곳으로 다시 왔다.

스님은 밥 먹을 때나, 변소에 갈 때나, 일할 때나, 쉴 때나, 공부할 마음만 먹으면 공부할 수 있는 것이고, 누가 말리는 사람도 없는 것인데, 시끄러워서 공부 못하겠으니 조용한 데 가야 하겠다고 생각한 어리석음이 뉘우쳐 졌다. '평계가 필경에는 사람 죽인다'는 옛 글을 이제야 좀 알 것 같았다. 그 여인은 아마 관세음보살이 나타나서 깨우쳐 주신 것 같다고 스님은 여겼다. 하도 조용한 곳에 기대를 걸고 비가 오는 것을 무릅쓰고 산에 올라가서 토굴을 발견하여 "아! 이제 내 살 곳이 여기로구나" 하고 너무 고요함에 빠지는 것을 보고 관세음보살이 와서 한방 꽝 하고 쳐주신 것으로 믿어졌다. 누구든지 기대를 많이 걸면 실망도 크고 실망이 클 수록 많은 경험이 쌓이는 것이라고 스님은 회고했다.

🌸 사족

관세음보살과의 문답은 성수 스님에게 세간(世間)과 출세간(出世間)의 분별심을 씻어준 기연이었던 것 같다. 이로부터 스님은 고요한 산사에서나 시끄러운 저잣거리에서도 한결같이 공부할 수 있는 계기가 열린 것이다.

이러한 법문은 마치 『십우도(十牛圖)』의 최종 장면인 입전수수(入纏垂手 : 저자에 들어가 중생을 돕다)의 공부 단계로의 진입을 연상하게 한다.

가슴을 풀어헤치고 맨발로 저자에 들어가니
재투성이 흙투성이라도 얼굴 가득 함박웃음

신선의 비법 따윈 쓰진 않아도

그냥 저절로 마른 나무 위에 꽃을 피우는구나.

곽암 화상은 『십우도』에서 '저잣거리에 들어가 온몸을 드러내 세속의 중생과 함께 하니, 이것이 바로 성인의 풍모'라고 했다. '입전수수'는 중생제도를 위해 자루를 들고 자비의 손을 내밀며 중생이 있는 곳으로 향하는 모습을 의미한다. 즉 이타행(利他行)의 경지에 들어 중생제도에 나선 것을 비유한다.

여행을 마친 사람은 누구나 고향에 돌아가는 게 당연하다. 정상에 올라간 등산객은 반드시 하산해야 한다. 마찬가지로 깨달음을 구하는 수행자는 도를 성취한 뒤, 반드시 세상 속으로 들어가 자비행을 펼쳐야 한다. 시끄러운 세간을 싫어하고 여전히 고요한 산속으로만 향한다면 아직 도가 원만하지 못한 것이다. 세간과 출세간, 생사와 열반에 걸림 없이 자유자재해야 비로소 도인이라 칭할 만하다.

공부하는 구도자에게 관세음보살이나 문수보살이 나타나 선문답을 하는 장면은 선어록에도 종종 보인다. 어록에 등장하는 보살들은 간절하고 순수하게 나아가는 수행자의 꽉 막힌 관문을 열어주는 중요한 역할을 하기 마련이다. 성수 스님 앞에 나타난 관세음보살도 고요함에 집착하는 최후의 집착마저 내려놓도록 지시하고 있다.

물론 문수보살이나 관세음보살이 우리 눈 앞에 보인다고 해서, 그 분들이 내 마음 밖에 따로 계신 것이 아니다. 결국은 수행자의 꽉 막힌 부분을 자성불이 스스로 나타나 가르침을 주고 있는 것이다. 안과 밖의 선지식이 '마음에서 나타난 것[自心所現]'임을 잊지 않는 것은 수행자의 기본자세이다. 일체법이 자심소현이고 유심(唯心)임을 요달하여 무생법인(無生法忍: 일체가 불생불멸임을 깨닫는 것)을 성취하는 것이 마음 공부의 요지이기 때문이다. 무착(無着·821~900) 선사가 문수보살을 친견하고 깨달음을 얻은 기연도 이러한 도리를 잘 보여주고 있다.

무착 스님은 어려서 출가하여 계율과 교학을 공부하다가 문수보살이 상주한다는 중국 오대산에 참배하고 문수보살을 친견(親見)하려고 오대산 중턱의 외딴 암자 금강굴에서 손수 밥을 해먹으며 기도를 하고 있었다.

하루는 식량이 떨어져 산 아래 마을에 내려가 양식을 탁발해 올라 오다가 소를 몰고 가는 한 노인을 만나게 되었는데, 노인의 모습이 범상치 않음을 보고 자기도 모르게 뒤를 따르게 되었다.

한참을 뒤쫓아 가다 보니 전혀 보지 못했던 웅장한 절 한 채가 나타났다.

노인이 문 앞에 서서 "균제야!" 하고 부르니 한 동자가 뛰어나와 소고삐를 잡아 들고 안으로 들어갔다.

무착 스님이 방안에 따라 들어가 노인에게 인사를 드렸 더니, 동자가 아주 향기로운 차를 한 잔 내왔다. 노인이 무 착 스님에게 물었다.

"자네는 오대산에 무엇하러 왔는가?"

"저는 문수보살을 친견하여 그 가호를 얻고자 찾아왔습 니다."

"자네가 가히 문수를 만날 수 있을까? 자네 살던 절에는 대중은 얼마나 되고 어떻게 살아가는가?"

"300여 명 되는 대중이 경전도 읽고 계율도 익히면서 살 고 있습니다. 이곳은 어떠한지요?"

"전삼삼 후삼삼(前三三 後三三)이요, 용과 뱀이 뒤섞여 산다네(龍蛇混雜 凡聖交參)."

무착 스님은 도무지 무슨 뜻인지 알 수가 없었다. 어느새 밖은 어두워져서 스님은 노인에게 하룻밤 쉬어갈 것을 청하였더니, 노인은 "애착이 남아 있는 사람은 이곳에서 자고 갈 수 없네" 하고는 동자에게 배웅하게 하고 안방으로 들어가 버리는 것이었다. 어둑해진 길가에 나와서 스님은 동자에게 물었다.

"아까 노인에게 이곳 대중의 수효를 물었더니 '전삼삼 후삼삼'이라고 하시던데 도대체 무슨 뜻인가?"

이에 동자가 큰 소리로 "무착아!" 하고 부르니 엉겁결에 "네" 하고 대답하자, "그 수효가 얼마나 되는고?" 하며 동자가 다그쳐 묻는 것이었다.

무착 스님은 또 다시 말문이 막혀 동자를 쳐다 보며 물었다.

"이 절 이름은 무엇입니까?"

"반야사(般若寺)라고 합니다."

동자가 이렇게 말하며 가리키는 곳을 쳐다보니 웅장하던 절은 어느새 간 곳이 없었다. 깜짝 놀라 돌아보니 동자도 사라지고 없는데, 허공에서 한 귀절 게송이 들려오는 것이었다.

성 안 내는 그 얼굴이 참다운 공양구요(面上無瞋供養具)

부드러운 말 한 마디 미묘한 향이로다(口裡無瞋吐妙香)

깨끗해 티가 없는 진실한 그 마음이(心裡無瞋是眞寶)

언제나 한결같은 부처님 마음일세(無染無垢是眞常)

무착 스님은 이렇게 문수보살을 친견하고서도 알아보지 못한 자신의 어리석음을 한탄하며, 더욱 정진해 앙산(仰山·840~916) 선사의 법(法)을 이어받아 어디에도 거리낄 바 없는 대자유인이 되었다.

그러나 무착 스님과 문수보살과의 인연은 여기서 끝나지 않았다. 어느 해 겨울, 동짓날이 되어 팥죽을 쑤고 있는데 김이 무럭무럭 나는 죽 속에서 거룩하신 문수보살이 장엄하게 나타나서는 "무착은 그 동안 무고한가?" 하며 옛날 오대산에서 있었던 일을 회상시키며 먼저 인사말을 건넸다.

그런데 무착 스님은 무엇을 생각했는지 팥죽을 젓던 주걱을 들어 문수보살의 얼굴을 사정없이 후려갈기는 것이었다. 문수보살은 놀래어 "어이, 무착 내가 바로 자네가 그렇게도 만나고 싶어하던 문수일세 문수야!" 라고 하는 것이었다.

이 말을 받은 무착 스님은 "문수는 문수요 무착은 무착이다. 만일 문수가 아니라 석가나 미륵이 나타날지라도 내 주걱 맛을 보여주리라" 하고 대꾸하는 것이었다.

그러자 문수보살은 "쓴 꼬두박은 뿌리까지 쓰고 단 참외는 꼭지까지 달도다. 내 삼대겁(三大劫)을 수행해 오는 동안 오늘에사 괄시를 받아 보는구나" 하는 말을 마치고 슬며시 사라져 버렸다.

깨달음을 얻기 전에는 문수보살을 친견하기 위해 오대산에서 3년 간이나 기도를 하고, 또 문수보살을 원불(願佛)로 모시고 다녔던 무착 스님이었건만, 깨달음을 성취한 뒤에는 문수보살이 스스로 나타났어도 도리어 호령을 하고 살불살조(殺佛殺祖: 부처와 조사에 대한 고정관념과 집착을 타파함)의 기상을 보인 것이다. 이것이 바로 진리를 체득한 선사들의 기백이요 독자적인 안목인 것이다.

천성산에 사자 새끼도 사는구나

성수 스님이 절간에서 오고 가는 한담(閑談) 중에 향곡 큰스님과 철우 큰스님 두 분이 탁마하다가 철우 노스님이 "조카 향곡, 자네에게 빚을 졌네!" 라고 하여 조카 되는 향곡 스님이 우쭐하여 기고만장이 되어 있다는 말을 들었다.

그로부터 얼마 후에 성수 스님이 철우 노사(老師)를 만나게 되었다.

성수 스님이 철우 스님에게 말했다.

"철우 노스님이 조카 향곡에게 빚을 알고 졌습니까?"

"그야 알고 졌지."

철우 스님의 말에 성수 스님이 소리쳤다.

"야! 늙은 알 도둑놈아."

"어째서 내가 알 도둑놈인고?"

"조카를 죽여도 더럽게 때려잡았으니, 당신이 알 도둑놈보다도 더한 늙은이지 무엇인가?"

"아! 천성산에 토끼들만 사는 줄 알았더니 사자 새끼도 사는구나."

젊은 스님의 거친 말을 듣고도 철우 스님은 오히려 미소를 띠었다. 성수 스님은 이 문답 끝에 이렇게 노래했다.

손없는 바람은 만물을 흔들고
늙은이 미소에 만물을 깨우네.

🌀 사족

『전등록』에는 '사자교인 한로축괴(獅子咬人 韓獹逐
塊)'라는 유명한 말이 있다. '사자는 사람을 무는데 개는
흙덩이를 쫓아간다'는 뜻이다. 사람이 시선을 돌리기 위
해 흙덩이를 던지면 사자는 흙덩이와 상관없이 사람을 쫓
아가지만, 개는 흙덩이를 쫓아간다는 말이다. 흔히 학인들
은 겉으로 드러난 말과 행동에 끄달려, 그것이 진실인양
착각하기 십상이다. 법거량 중에도 말과 행동의 숨은 뜻을
모르고 피상적인 의미와 개념에 매달려 어리석음을 범하
고 만다. 이러한 까닭에 선사들은 안목있는 수행자의 지혜
는 사자의 행동과 같고, 안목 없는 이의 어리석음은 흙덩
이를 쫓는 개와 같다고 비유하고 있다.

철우 스님이 향곡 스님에게 '자네에게 빚을 졌네!' 라고 한 말은 아마도 칭찬하는 체 하면서 오히려 후학을 일깨우는 방편으로 한 말인듯 하다. 이에 대해 향곡 스님이 그 속뜻을 모르고 우쭐하여 기고만장이 되었다는 말은 어찌 보면 '흙덩이를 무는 개' 처럼 비쳐줬을 수도 있다. 그러나 향곡 스님 같은 당대의 선지식이 그렇게 호락호락하게 당하지만은 않았을 것이다. 자세한 내막은 알 수 없지만, 삼촌-조카뻘 되는 가까운 사이의 스님 간에 치열한 선문답이 있었다는 사실이 흥미로울 뿐이다. 가까운 사이일 수록 번거로움을 무릅쓰고 서로 탁마하는 그 모습 자체가 아름다운 것이다.

성수 스님은 철우 스님이 일부러 긍정하는 말로 향곡 스님을 일깨웠음을 알아차리고, '늙은 알 도둑놈아!' 라고 할을 했다. 이에 철우 스님은 성수 스님을 안목 있는 수좌인 사자 새끼로 인정하고 미소를 보냈다.

선문답은 이처럼 겉으로 드러난 말과 행동의 의미만을 따라가서는 여차하면 '한로축괴'로 전락하고 만다. 말과 행동 속에 숨어있는 낙처(落處: 참뜻)을 깨달아야만 비로소 흙덩이에 유혹당하지 않는 사자가 되는 것이다.

육신의 집에 같이 사는 주인은 누구인가

성수 스님이 전국의 풍토(風土)를 견문(見聞)하러 다니다가 문경새재를 넘어서 어느 마을을 지나가는데, 정자에 점잖은 노인장 세 분이 앉아서 쉬고 있었다. 그 중 한 노인이 스님에게 말을 걸었다.

"대사, 어디에 있는가?"

"여기 있네."

"그 중 고약하다."

"그 양반 고약스럽다."

그랬더니 그 노인장들이 입을 다물고 말기에, 스님은 이어서 말을 걸었다.

"노인장들 자녀손(子女孫) 몇 남매나 두었는지요?"

"3 남매를 두었소."

"그 자녀손들에게 신학문(新學問) 많이 가르쳤나요?"

"많이 가르쳤지. 출세도 많이 했고."

"그 자손들이 나쁜 놈들이지요."

"대사, 보지도 않고 왜 남의 자식을 나쁘다고 하오?"

"그 자식들이 신학문을 배웠으면 늙은 아버지를 좀 가

르쳐서 바깥 세상에 내 보냈으면 이런 산골 중놈에게 욕이
야 안 먹을 것 아니오?"

그랬더니, 노인장이 "대사님!" 하고 존대말을 쓰면서 다
음과 같이 말을 걸어왔다.

"석가씨(釋迦氏: 석가모니 부처님)가 살생하지 말라고
하신 이유가 무엇이오?"

"부처님만 살생하지 말라고 하신 것이 아닙니다. 공자
님도 방장부절(方長不折: 한창 자라는 풀이나 나무를 꺾
지 않는다)하고 방생불살(放生不殺: 생명을 풀어주어 죽
이지 않음)이라 했는데 그 말은 무슨 뜻이오? 사서·삼경
을 읽으셨을 텐데요?"

"왜 중은 고기를 못 먹게 하오?"

"맹자님도 밥상 위에 말고기를 가져다 잡수시려는 순간
에 말이 죽을 때 소리친 그 형상이 마음 속에 떠오르자, 차
마 그 고기를 씹을 수가 없어서 말고기를 잡수시지 않았다
고 하지 않습니까? 부처님이 고기를 먹지 말라 하신 말씀
이나 이 이야기나 마찬가지가 아닙니까?"

"중은 왜 장가를 못 가게 합니까?"

"당신들이 쓸데 없는 걱정을 할 것은 없고, 따지고 보면

이 세상 사람들이 결혼하는 것도 후손과 나라의 백성이 모자라는 것을 걱정해서라기 보다는 자신들의 업보에 끌려서 하는 것입니다."

"중은 죽으니 산소가 있나, 살아 있으니 상투가 있나, 중이 살 재미가 뭐요?"

"그 말은 세상 사람들이 중보고 한 말이 아니고, 옛날 대사들이 세상 사람들 보고 불쌍해서 하신 말씀이오."

"어째서 그렇소?"

"'세상 사람들이 살아도 사는 줄 모르고 살고, 죽어도 죽는 줄 모르고 죽는다' 했는데 이것이 신라의 원효 대사님께서 노래를 지어서 보고 듣고 깨닫게 한 시(詩)요."

"대사님은 죽는 도를 아십니까?"

"나무 위에 새가 우는 소리가 눈에 보일 때 나를 찾아 오시오."

이렇게 성수 스님이 일러주었더니 그가 2·3년 후에 스님을 찾아와서 재배하고 애원하기에, 스님은 "80년이나 이 집(몸뚱이)에 같이 사는 주인이 누구인지 찾아 보시오?" 라고 당부했다. 그러자 그 노인이 24시간내로 다시 와서 "대를 쥐고 대를 찾았구나" 하고는 다음과 같은 노래를 불렀다.

　　산이 들 된 것도 아니요
　　들이 산 된 것도 아니니
　　대사도 세인도 둘이 아닐세
　　봄이 오니 잎이 나고
　　가을이 오니 잎이 지네.

　이 노래를 듣고 스님은 "밥은 개도 먹지만 장값도 안되니 집에 가서 '공곡전성 허당습청(空谷轉聲 虛堂習聽)'이나 곰곰히 생각하시오"라고 말해 주었다.

　그 후에 자주 내왕하다가 그 노인이 이 세상을 뜰 무렵에 아들·딸 모두 불러 놓고 유언하기를, 앞 뒤 논 세 필지를 팔아서 문상객(問喪客)에게 음식과 여비를 드리고 별도로 차량을 준비해서 손님을 불편이 없게 잘 모시고, 문상객으로부터 부조는 일체 받지 말라고 부탁한 뒤 그로부터 3시간 후에 조용히 입적했다.

　이 노인의 입적이야말로 비유할 바 없이 장하다. 고승·대덕들도 대개 평소에는 거룩하나 입적 때에 가서는 사대

(四大: 地水火風으로 이뤄진 육신)에 말려들어서 정신 차리기가 그렇게 쉬운 일이 아니기 때문이다. 스님은 "그 양반이 시골 중에게 하대한 인연으로 수행을 끝까지 잘한 경로를 보여주고 싶었다"고 회고했다.

◉ 사족

이 문답의 핵심은 "80년이나 이 집에 같이 사는 주인이 누구인가?"란 질문에 있다. 자기 자신의 주인이며 주체를 알기 위한 과정이 수행의 전부라 해도 과언이 아니기 때문이다. 여기서 말하는 주체는 경전에서는 '불성(佛性)' '여래장(如來藏)' '진여자성(眞如自性)' '청정심(淸淨心)' 등으로 표현하고 있다. 이를 선종에서는 평상심(平常心), 본래심(本來心), 주인공(主人公), 진인(眞人), 본래인(本來人) 등으로 부른다. 물론 사물에 집착하고 삼독심에 끌려다니는 범부의 중생심이 아니라, 일체의 번뇌·망념을 초월한 깨달음의 주체를 말한다.

『마조어록』에도 방 거사가 '불매본래인(不昧本來人: 어듭지 않는 본래의 사람)'이라고 말하고 있는 것처럼, 자기의 주인공은 자각의 주체인 불성을 지칭한다. 막 출가한 스님들이 공부하는 『자경문』에도 "주인공아, 나의 말을 들어라. 몇 사람이나 공문(空門) 속에서 득도하였는데, 너는 어찌 고취(苦趣: 괴로운 육도 윤회의 세계) 중에서 길이 윤회하는가?"라고 수행자의 주인공을 자각시키고 있다.

『진각국사어록』에는 이러한 주인공, 즉 자성에 대한 다양한 명칭들이 등장하는데, 그 이름만으로도 본래의 깊은 뜻을 엿볼 수 있다.

"기억하건대 옛 사람이 '옷 속의 보배를 알아차리면 무명의 취기에서 저절로 깨어나리라. 온몸의 뼈가 모두 무너져 흩어져도 '하나의 그 무엇[一物]'은 길이길이 변치 않고 신령하도다'라고 말했다. 지금 이 자리에서 법을 설하고 법문을 들으며 분명하고도 뚜렷이 밝고 어떤 형태도 없는 것이 어찌 하나의 그 무엇이 아니겠는가?

조계혜능은 그것을 '타고난 그대로의 얼굴[本來面目]'이라 하였고, 임제는 '지위에 얽매이지 않는 참사람[無位眞人]'이라 하였으며, 석두는 '암자 속에 있는 죽지 않는 사람[庵中不死人]'이라 하였고, 동산은 '집안에서 늙지 않는 사람[家中不老者]'이라 하였으니, 모두가 이 하나의 그 무엇을 가리키는 다른 이름인 것이다."

황벽 선사는 『전심법요』에서 "하루 종일 일체의 모든 일을 떠나지 않고, 일체의 경계에 속박되지 않는 사람을 자유자재한 사람"이라고 했는데, 이 역시 주인공이자 무위진인을 말한 것이다. 임제 선사가 "곳에 따라 주인이 되어야 자신이 있는 그곳이 진실된 세계가 되리라[隨處作主立處皆眞]"라고 주장하고 있는 주인과 같은 말이다. 여기서 '곳에 따라 주인이 되어야 한다'는 것은 언제 어디서라도 자기의 본래심을 잊어버리지 않아야 한다는 말이다. 일체의 경계나 대상에 제약을 받지 않는 마음의 작용, 그 자체가 진실의 세계가 된다는 뜻이다.

그러나 본래심[平常心]으로 조작심과 번뇌·망념 없이 평정심으로 일상생활을 할 수 있는 것은 말처럼 쉬운 일은 아니기에 이를 현실에 적용하려는 세심하고도 부단한 노력이 필요하다. 평상심으로 주인 되어 사는 삶을 위해서는 부처나 법을 구하려고 하는 마음까지 쉬어야 가능한 일이기 때문이다. 하물며 재물과 명예, 욕망을 탐하는 삶이야 말해서 무엇하랴.

선사들은 일체의 경계에 끄달리거나 집착되지 않고 모든 경계와 환경을 그대로 생활 장소로 활용하는 공부를 한다면 무심의 경지에서 무사한 일상생활을 누릴 수 있다고 말한다. 이것은 이론적인 설명이 아니라 실제적인 공부이다. 선방에서 화두를 챙기는 것이 연습이라면, 생활 속의 공부는 온갖 경계와 대결하는 실전임을 명심해야 공부에 진보가 있게 된다.

임제 선사의 '만물을 따르지 말라[莫隨萬物]'는 설법은 이러한 일상선의 체험에서 우러나온 것임을 알 수 있다.

"여러분 그대들이 부처가 되고자 한다면 만물에 따르지 말라. 망심이 일어나면 여러 가지 법이 생기고, 망심이 없어지면 여러 가지 법이 없어진다. 한마음이 일어나지 않으면 만법에 허물이 없다."

-『임제록』-

인생과 우주의 노예가 아니라 주인이 되어 사는 삶은 모든 수행자의 목적이 아닐 수 없다. 그래서 '언제 어디서나 주인공이 되어 살라'는 가르침은 선어록에 자주 등장할 수밖에 없을 것이다. 『무문관』에 나오는 '주인공(主人公)'에 대한 공안은 가장 널리 알려진 화두 가운데 하나이다.

서암 스님은 매일 자기 자신을 향해서 "어이 주인공?" 이라고 부르고서는, 스스로 "예! 예!"하고 대답하였다.
또 "깨어있는가?" 라고 묻고는 "예!" 하고 대답하였다.
"언제 어디서라도 다른 사람에게 속임을 당해서는 안된다"라고 다시 말하고, 거듭 "예! 예!" 라고 하면서, 항상 이렇게 자신에게 질문하고 스스로 대답하였다.

이 일화는 스승의 가르침에 따라 자신을 돌아보고 깨달음을 체득하는 참된 자기의 본래심, 주인공에 의해 살려고 하는 서암 선사의 다짐을 나타내고 있는 공안이다. 서암 선사는 스승 암두 선사의 "내쉬는 숨, 들이마시는 숨과 대·소변하는 곳에 본래부터 자연히 영원불멸의 진리가 나타나고 있는 것이다. 모두 각자 자기 발 밑을 잘 살피고 회광반조(廻光返照: 빛을 돌이켜 비추어 보다)하여 잘 비추어 보라"는 교시를 하루도 잊지 않고 잘 받아들인 것이다.

남의 말이나 언행, 교설 등을 그대로 받아들여 속임을 당하지 말라는 경책을 담고 있는 이 공안은 일상 생활하는 가운데 일체의 경계에 끄달려서 자기를 잃어버리고 매몰되지 말라는 공부법을 제시하고 있다. 주체성을 상실하고 이런 저런 사상과 주의, 시류에 휘말려 살아가는 나약한 현대인들에게 "자기의 주체를 상실하지 말고 '사람의 말[人惑]'과 '경계에 끄달림[境惑]'이 없도록 하라"는 자각적인 경책은 더욱 생생한 법문으로 다가온다.

물론 서암 스님의 주인공이나 임제 선사의 무위진인, 불성 등을 고정된 실체로 생각해서는 안된다. 한 물건도 없는 본래무일물(本來無一物)의 자리는 그 어떤 개념으로도 규정할 수 없는 것이기 때문이다. 임제 선사가 『임제록』에서 "무위진인, 이 무슨 똥덩어리 같은 말이냐!" 라고 무위진인을 실체시하는 학인을 비판하고 있는 법문을 깊이 사유할 필요가 있다. 주인공이니, 불성이니, 무위진인이니 하는 말에 집착하는 순간 그것은 이미 그것이 아니기 때문이다.

『전등록』에서 장사경잠(長沙景岑) 선사의 법문도 이런

점을 일깨우고 있다.

"내가 매양 종교만을 선전한다면 법당에 풀이 한 길이
나 자라게 된다. 그러므로 나는 부득이 그대들에게 말하노
니 시방세계가 온통 사문의 눈[眼]이요, 시방세계가 온통
사문의 전신(全身: 온몸)이요, 시방세계가 온통 자기 광명
이며, 시방세계가 온통 자기 광명 속의 것이며, 시방세계
가 온통 자기 아닌 사람이 없다."

진리란 우리 눈앞에 벌어지는 삼라만상의 모습과 작용
이다. 진리란 초월적인 것도 잠재된 것도 아니다. 우리 눈
앞에 항상 드러나 있는 것이다. 그래서 진리는 바로 평상
(平常)의 도리와 다르지 않다고 했다. 배고프면 밥 먹고,
목마르면 물 마시고, 졸리면 잠자는 것처럼 일상생활에서
이루어지는 생활 속에 곧 진리가 살아있는 것이다.

그런데도 사람들이 진리를 제대로 깨닫지 못하는 것은
왜일까? 그것은 바로 번뇌와 집착의 방해 때문이다. 망상
과 집착이 진실된 자아의 눈을 가리고 있는 것이다. 때문
에 인생의 '주인'이 되기 위하여 우리가 취해야 할 중요한

태도는 평상의 삶에서 욕심과 편견, 집착을 버리는 방법이 가장 효과적이다. 그러한 집착과 분별심을 버렸을 때 늘 깨어있는 마음이 되어서 눈앞에 나타나는 진실을 그대로 깨닫게 된다고 선사들은 누누이 강조하고 있는 것이다.

언제 어디서나 주인의 삶을 살라는 이러한 가르침은 『능엄경』에서 손님과 티끌, 주인과 허공의 비유로도 등장한다. 상주하는 주인은 손님이 오든, 가든 본래 그를 따라가지 않는다. 즉 손님과 티끌은 망상에 비유하고, 주인과 허공은 자성(自性)에 비유된다. 상주하는 자성이 본래 문득 일어났다가 꺼지는 망상을 따르지 않는 것을 비유한 법문이다. 이른바 방거사가 노래한 "스스로 만물에 무심하기만 하면, 만물이 항상 둘러싸고 있다 해도 무슨 방해가 되겠는가?"(『방거사 어록』) 하는 뜻이다.

티끌은 스스로 흔들리지만 본래 맑고 고요한 허공에 장애가 될 수 없다. 이는 망상이 스스로 일어나거나 없어지는 것일 뿐, 본래 여여부동(如如不動)한 자성을 가리지 않음을 비유한 것이다. 이른바 "한마음이 일어나지 않으면 만법에 허물이 없다[一心不生 萬法無垢]"는 뜻이다. 수행자가 주인과 손님, 허공과 티끌을 가려낼 수 있는 수행을 하게 되면 망상이 더 이상 공부에 장애가 되지 못한다. 이 것이 이른바 '알아차리면 억울한 꼴은 당하지 않는다' 는 것이다.

그래서 수행자는 언제 어디서나 고요하게 깨어있는 마음으로, 삶에 끌려 가는 것이 아니라 주체적으로 삶을 굴려야 한다. 천상천하에 홀로 존귀한 우주의 주인이 되느냐, 아니면 스스로 속박되어 사는 부자유한 삶을 사느냐는 오로지 각자의 지혜로운 안목과 용기에 달려있다. 문답에 나오는 노인은 여든의 나이에도 불구하고 성수 스님을 만나 간절한 구도의 열정으로 본래심을 회복하고, 생사와 열반이 둘이 아닌 세계로 돌아가지 않았던가. 아직 팔순이 되지 않은 불자라면 얼마든지 깨달을 가능성이 있음을 알기에 지금, 당장, 이 자리에서 주인되는 삶과 수행을 시작해 보자.

사는 게 뽀드득 뽀드득 재미가 나려면

지리산 자락의 폐교를 개조해 창건한 산청 해동선원의 야외 법당에는 부처님과 함께 원효 성사가 모셔져 있다. 아침, 저녁으로 드리는 예불도 특별하다. 조석 예불은 죽비 소리에 맞춰 삼배를 올리는 것이 전부이다.

한 보살이 예불 올리는 성수 스님의 모습이 어찌나 장엄하고 간절해 보이던지, "'절 한 자락을 하더라도 정성을 다해서 하라'는 노스님의 가르침이 무슨 말씀인지 알겠다"고 했다. 그 보살이 성수 스님을 친견하고 나눈 문답이다.

성수 스님이 먼저 보살에게 말했다.

"내가 올해 여든 하나 거든. 그런데 사는 게 뽀드득 뽀드득 재미가 나요."

"스님, 그렇게 인생이 재미 있으려면 어떻게 살면 되나요?"

"그냥 배우려고 하나? 회초리 석단 지고 와서 한 3년을 하루 1천대씩 맞으면서 배워야 해."

성수 스님은 이런 말씀도 해주셨다.

"사람은 복으로 사는 것이거든. 복은 비는 게 아니고 짓는 겁니다."

성수 스님이 회초리 석단 없이 자비심으로 내놓은 '복 짓는 방법 다섯 가지'는 이랬다.

첫째, 화를 내지마라. 한 번 내는 진심으로 쌓아 놓은 복을 다 까먹는다. 명심하라.

둘째, 낭비하지 마라. 재물을 헛되게 쓰지 말라. 복을 아껴라.

셋째, 아침 해 뜨고 나서 해가 질 때까지 눈을 부치지 마라. 특히, 여자들 방 바닥에 등 대면 그 집안은 망한다. 여자는 가문과 나라를 살리는 데 책임이 많음을 명심하라.

넷째, 물질 보다 마음 보시를 많이 하라.

다섯째, 지혜를 잘 쓰는 게 복이다. 복 중의 제일이 '지혜의 복'임을 잊지 마라.

해동선원에는 재가선방이 개설되어 있어서, 한 20명쯤 상주하면서 참선을 하고 있었다.

그 보살이 선방 맨 뒤에서 산처럼 앉아 삼매에 들어 있던 성수 스님께 다시 여쭈었다.

"큰스님, 생업이 있는 저희들이 모두 이렇게 선방에 와서 지낼 순 없잖습니까? 일상 생활에서 도를 실천할 수 있는 방법을 좀 일러 주시지요."

"세 가지만 말해 주지요. 우선 매일 아침, 처음 하는 말을 좋은 이야기로 하세요. 남의 속을 폭 찌르는 '송곳말'을 하지 말고, 머리를 내리치는 '도끼말'을 하지 말고, 남을 때리는 '작대기말'은 하지 마세요. 첫 말 한 마디라도 선하고 푸근하게 하면 복이 찾아 올 것입니다. 덕이 쌓이고 득이 되는 말을 하세요. 그리고 두 번째, 매일 첫 걸음 한 자리라도 무게 있게 걸어 보세요. 마지막으로 세 번째, 하루 24 시간 중에 단 5분이라도 부처님처럼 단정한 자세를 가져보십시오."

🍵 사족

성수 스님은 누구든지 찾아와서 묻는 재가 신도들에게 늘 자상하게 길을 일러주신다. 돈이 많고 적건, 나이가 많고 적건, 남자건 여자건 문제가 되지 않는다. 깨달음에 대한 간절한 발심과 믿음을 갖추고 묻는다면 자비를 아끼지 않는다. 위의 법문은 다른 선문답 처럼 격외구(格外句: 격식을 벗어난 말)를 사용하지 않아서 더욱 친근하게 다가오는 가르침이기도 하다. 특히 이 문답은 알아듣지 못하는 묘한 말에만 깊은 진리가 숨어 있는 것이 아니라, 간단한 법문이라도 온몸으로 실천하는 것이 깨달음의 생활임을 웅변하고 있다.

'이론 없는 실천은 맹목이고 실천 없는 이론은 공허하다'는 말이 있듯이, 동전의 양면과도 같은 이론과 실천, 사유와 행동의 조화는 모든 종교에서 가장 중요시하는 덕목이 아닐 수 없다. 붓다, 예수, 공자, 소크라테스와 같은 성자들은 한결같이 진리를 깨닫고 이를 사회 속에서 실천하기 위해 온몸을 내던지는 용기를 보여주었던 것이다. 만약 그 분들이 실제적인 행동 없이 공허한 담론만을 소리 높여 외쳤다면, 성인이 아니라 도덕군자나 학자라는 타이틀에 만족해야 했을 것이다.

인도에서 중국으로 건너와 일심(一心)의 도리를 전한 선종의 초조(初祖) 달마 대사 역시, 위대한 실천가였다.

달마 대사는 소림굴에서 9년동안 벽관(壁觀: 면벽좌선)

수행을 하며, 깨달은 바를 지키고 누리는 모습을 보이면

서 인연있는 제자를 기다린다. 혜가 대사를 만나 법을

전하고 권승들의 모함으로 사약(死藥)을 들이킬 때까

지, 죽음 앞에서도 초연한 가운데 부처님의 심인을 전하

는 사명을 완수했다. 그의 삶 자체가 진리에 대한 확신

과 실천행으로 일관한 법문이었던 것이다. 달마 대사가

도에 들어가는 법문으로 '선으로 가는 두 가지의 길과

네 가지의 실천'이란 뜻을 가진 「이입사행론(二入四行

論)」이란 작품을 남긴 것도 결코 우연이 아니다. 선학의

토대가 된 「이입사행론」에서 달마 대사는 사유와 실천

에 해당하는 깨달음에 이르는 두 가지 길을 제시하고 있

는 것이다.

"도에 이르는 길은 많으나 근본을 들어 말하자면 두 가

지 길이 있을 뿐이다. 하나는 진리의 깨달음에 의한 입문,

즉 이입(理入)이며 다른 하나는 실천에 의한 입문, 즉 행

입(行入)이다."

몇 년 전 조계종에서는 '깨달음의 사회화 운동'이란 캠페인을 전개한 적이 있다. 깨달음이란 우리의 삶과 생활 속에서 발견되고 전개돼야 한다는 것이다. '깨달음의 사회화'란 깨닫고 나서 그것을 사회적으로 승화시키는 것이 아니라, 자비행의 실천을 통해 나와 세상이 함께 깨달아 가야 한다는 주장이었다. 이처럼 깨달음과 사회적 실천, 즉 상구보리(上求菩提: 위로 깨달음을 구함)와 하화중생(下化衆生: 아래로 중생을 교화함)은 선후와 중요도가 다른 별개의 지침이 아니라, 동시적으로 진행되어야 할 수행의 두 갈래 길이기도 하다. 깨달음을 이룬 뒤에 중생교화에 나서는 것이 일반적이지만, 보살행을 하는 과정에 깨달음을 얻기도 한다. 심지어 지장보살 같은 분은 깨달음을 미루고 중생구제에 나서지 않았던가.

결국 '상구보리'와 '하화중생'은 선후에 관계없이 수행자라면 늘 염두에 둬야 하는 수행의 두 축(軸)이라고 해도 과언이 아니다. 깨달음을 얻기 위한 수행 또는 보살행, 한 군데에만 치중하는 것은 절름발이 수행일뿐더러, 완전한 구경각을 이루기는 요원한 일이기 때문이다. 그래서 고인들은 지혜와 자비를 상징하는 문수보살과 보현보살을 내

세워 원만한 구도의 길을 안내하고 있는 것이다. 물론 깨달음을 얻은 자가 자비행을 하지 않을 수도 없으며, 참된 자비심을 실천하는 자가 깨닫지 못했을 리도 만무하다. '나'와 '나의 것[我所]'이 있을 수 없고, 너와 내가 둘이 아님을 깨달은 이가 동체대비심(同體大悲心)을 실현하는 것은 당연한 일이기 때문이다.

그렇다면 '진리의 깨달음을 통한 입문'이란 뜻을 지닌 이입(理入)은 어떤 의미를 지닌 것일까. 다시 달마 대사의 법문에 귀기울여 보자.

" '이입'이란 가르침에 의지해 진리를 깨달아 들어가는 것이다. 일체의 유정물(有情物)이 하나의 참된 본질인 진성(眞性)을 공유한다는 사실에 대해 깊이 믿는 것이다. 진성이 명확하게 자신을 드러내지 못하는 이유는 외적 대상이나 망상으로 가리워져 있기 때문이다. 사람이 거짓을 버리고 참으로 돌아와 전심으로 벽관(壁觀)하면 나와 남의 구분이 없고 성(聖)과 범(凡)이 하나의 본질임을 깨닫게 된다. 이 믿음을 굳게 지킨다면 다시는 언구(言句)와 형상에 이끌려 현혹되지 않을 것이며 깨달음의 진리와 하나가 돼 적연무위(寂然無爲)를 누리게 된다. 이를 '진리의 깨달음에 의한 입문[理入]'이라고 한다."

-「이입사행론」-

이 법문에서 불법의 진리를 깨닫는 요체가 '모든 중생이 동일한 진성을 갖추고 있으나 객진(客塵: 마음의 대상) 망상으로 덮여 드러나지 못하고 있을 뿐임을 깊이 믿는 것'에 있다는 사실을 유념해야 한다. 이는 부처님께서 깨달음을 얻은 후 『화엄경』에서 "내가 일체중생을 그윽히 지켜보니 여래의 진면목인 지혜와 덕상이 고루 갖추어져 있건만 다만 번뇌 망상 집착으로 인해 깨달음에 증득하지 못한다"고 설한 법문과 마찬가지이다.

이 법문을 믿고, 믿지 않고에 따라서 수행의 방향과 그 결과도 하늘과 땅 만큼 벌어지게 된다. '중생이 본래 부처'임을 믿고 시작하는 수행과 '중생은 영원히 중생일뿐'이라는 신념은 극과 극의 결과를 낳기 때문이다. 때문에 나와 남이 둘이 아니요, 성인과 범부가 하나의 본질임을 굳게 믿으면 깨달음의 진리와 하나가 될 수 있음을 확신시키고 있는 것이다.

위에서 '벽관'이란 보통 달마 대사의 면벽좌선, 즉 벽을 대하고 좌선함을 말하기도 하나, 실제 마음 수행상의 면으로는 망상이 본래 '생한 바 없으며[無生]' 일체법이 얻을 바 없는 것임을 알아 일체의 분별상을 여의고 무상(無相), 무념무상(無念無想), 무심(無心), 무수지수(無修之修: 닦음이 없이 닦음)에 안주함을 말한다.

다음으로 '실천에 의한 입문(行入)'에는 네 가지 규범이 있다. 여기에는 다른 모든 규범들이 귀속될 수 있는데, 그 네가지 실천행은 다음과 같다.

첫째는 증오를 갚는 실천, 보원행(報怨行)이다. 타인의 증오를 최대한 이용해, 역으로 구도 정진의 기회로 삼을 수 있도록 하는 것이 보원행이다. 만약 원망하는 고통, 곧 원고(冤苦)를 받을 때는 마땅히 '내가 무시 이래로 근본을 버리고서 현상만 좇아 제유(諸有)에 유랑하여 많은 원망과 증오심을 일으켜 그릇됨이 한이 없었다'고 자기 성찰을 해야 한다는 것이다. 우리는 진여불을 버리고 허망한 현상만을 좇는 속물이 되어서 중생계인 삼계육도(三界六道)에 떠돌면서 많은 원망과 미움을 일으킨 것이 한이 없다. 때문에 수행자는 감심인수(甘心忍受) 즉, 그저 어떤 것이나 달게 받아야 한다. 어떤 고통도 참고 이겨내어 원망스럽게 호소하지 않는 마음이 생길 때, 체념이 되고 나아가 마음이 평등해지는 것이다. 과거세에 원망스런 일도 하고 받기도 하며, 금생에도 남한테 원망도 받고 남을 원망하는 일들을 모두 공(空)의 본체로 돌려 도(道)에 나아감으로써 보원행하라는 법문이다.

둘째는 삶의 가변적인 조건과 환경에 적응하는 실천, 수연행(隨緣行)이다. 모든 중생이 업보의 상호작용에 의해 만들어지기 때문에 나라고 할만한 '자아가 없다[無我]'는 것을 우선 알아야 한다. 이렇게 되면 제 아무리 많은 보시를 받든지 남의 칭찬을 받든지 간에 기뻐할 필요가 아무것도 없다. 우리가 얻거나 잃어버리는 득실(得失)의 인연을 따라 마음에 증감이 없으면 팔풍(八風)이 동하지 않는 것이다. 여기서 팔풍이란 이 · 쇠 · 훼 · 예 · 칭 · 기 · 고 · 락(利衰毁譽稱譏苦樂) 즉 이익, 쇠약, 명예훼손, 명예, 칭찬, 비방, 고뇌, 쾌락 등 여덟가지 번뇌의 바람을 말한다. 수행자가 얻는다고 더 기뻐하고, 잃는다고 괴로워하는 등 득실에 따라 마음에 증감이 없을 때는 팔풍이 동하지 않고 저절로 수연행하는 것이다.

셋째는 구함이 없는 실천, 무소구행(無所求行)이다. 세상 사람들은 평생 미혹의 상태에 빠져서 탐욕과 아집에 사로잡혀 있다. 이것이 집착이다. 그러나 지혜로운 자는 항시 안온하여 마음으로 동요가 없고 만유가 다 비어 있으니 희구(希求)할 것이 없으며, 바랄 것도 없어서 안분지족(安分知足)의 삶을 살게 된다. 그래서 삼매 가운데도 무원삼매(無願三昧)가 있다. 원하는 것이 없는 삼매이다. 물론 게으름 피우면서 바라지 않으면 큰 탈이겠지마는, 최선을 다하면서 바라지 않는다는 것이다.

넷째는 법에 맞게 행동하는 칭법행(稱法行)이다. 지혜로운 이는 자신의 인격을 닦는 동시에 남에게 봉사한다. 번뇌의 오염을 떨치기 위해 육바라밀을 수행해 덕을 갖추지만 그 또한 대단하게 생각하거나 집착하지 않는다. 오로지 진리에 따라서 살아가는 삶, 이것이 칭법행이다. 여기서 법(法)은 두 가지로 쓰인다. 본질적인 우주의 진리, 또는 만법(萬法)이라 할 때의 현상적인 '일체의 존재[마음의 대상]'를 법이라고 한다. 이러한 법, 즉 청정한 진여에는 탐하고 아끼고 인색한 것이 없다. 집착하지 않고 소유하지 않는 법에 따라 보시, 지계, 인욕, 정진, 선정, 반야의 육바라밀(六波羅蜜)을 행함을 칭법행이라 한다.

이러한 이입사행 법문은 『금강삼매경』에도 등장한다. '입실제품'에서 '행입'에 대한 법문을 인용하면 다음과 같다.

"행입이란 마음이 기울거나 의지하지 않으며 그림자에 홀리거나 바뀜이 없으며, 모든 처소에서 생각을 고요히 해서 구함이 없으며, 바람이 북 치듯 해도 움직이지 않기를 대지와 같이 하며, 마음과 나를 버려서 중생을 구원하고 제도함에 무생무상(無生無相: 태어남이 없고 고정된 형상이 없다)이고 취하지도 않고 버리지도 않는다."

마음이 그 어디에도 기울거나 의지하지 않으며, 고요하고 구함이 없어서 무아를 깨달아 중생을 구원하는 삶. 사유와 행동, 깨달음과 보현행이 수레의 두 바퀴처럼 나아갈 때 이입과 행입은 저절로 상승작용을 일으켜 각행원만(覺行圓滿)한 깨달음의 삶을 구현하게 된다.

도림 선사가 백락천에게 일러 준 "여러 악을 짓지 말고 선을 실천하며, 그 마음을 청정히 하라[諸惡莫作 衆善奉行 自淨其心]"는 법문은 '삼척동자도 알지만 백세 노인도

행하기 어려운 일'이다. 앎과 실천의 통일, 자신을 속이지 않고 언행일치의 삶을 사는 것이 수행의 처음과 끝이 아닐 수 없다.

세상선 世上禪
산수도 山水道

성수 性壽 대종사 선어록

3.
선(禪) 법문

선악과(善惡果)를 먹기 전, 거기는 어디냐?

달마 대사가 9년을 면벽(面壁)한 것은 9년 동안 수도한 게 아닙니다. 이미 인도에서 인정받은 달마가 왜 앉아 있었느냐? 사람을 기다린 것입니다. 당시 천하의 멋쟁이, 중국의 한량들이 다 와서 2년, 3년만에 다 떨어져 나갔는데도 혜가 대사 만은 9년 동안 사정을 한 것입니다. 그랬더니 9년 만에 한 마디 턱 일러주는 것이 '일언지하 돈망생사(一言之下 頓忘生死: 한 마디 말 끝에 단박 생사를 잊다)'여. 생사 밖의 도리를 잘 알라는 거야. 이 한 마디 일러

준 걸 가지고 '동토불교(東土佛教)'를 살린 것입니다.

불교는 이처럼 잘 안 일러주는데 오히려 매력이 있는 것입니다. 부처님이 절에 앉아서 알려 줄 사람을 기다리시는데 맨날 절만 꾸벅꾸벅 하면 무슨 소용이 있나 한번 생각해 봐야 됩니다. 오늘부터 여러분들도 집에 가서 24시간 가운데 5분 만이라도 내 정신을 뺏기지 말고, 놓치지 말고, 잃어버리지 않는 연습을 해야 돼요. 5분도 자기가 자기를 지배하지 못하면 부처님 앞에 합장할 자격이 없어요. 흐리멍텅한 게 부처님 법이 아니기 때문입니다. 가장 정확하고, 가장 밝고, 가장 현명한 것이 부처님 법입니다. 절이 뭐하는 곳인지, 자기가 뭐하러 가는지, 이것도 모르고 간다는 건 불교인이 아닌 것입니다.

예전에 내가 조계사 주지를 맡았을 때, 외국에서 신부나 수녀들이 오면 조계사 구경 시키러 우리나라 신부들이 데려오거든요. 하지만 막상 들어오라고 하면 안 들어 올라고 해요. 그럼 '이 집 문턱에 발 들여놨으면 집 주인이 시키는 대로 해!' 하고 억지로 끌고 들어가서 차 한잔 대접하지요. 그리고는 '종교인 간의 장벽을 트자'고 제안해서 종교 협의회를 만들기로 했어요.

종교협의회를 갖기 전에 신부, 목사, 수녀 50여 명이 나한테 그 이유를 물으러 조계사 법당으로 왔어. 그런데 머리 속엔 '우리가 물으러 오긴 왔지만 부처 자랑 되게 할 거다' 라는 생각을 70 퍼센트는 갖고 있더라고요. 저 7할을 비워 내야 내 말이 100 퍼센트 들어갈 것 같았지요.

그래서 턱 나가서 '내가 19살에 중이 됐는데 내 부모보다 부처님이 너무 좋아서 중이 됐다'고 했더니, '저거 봐라. 부처 자랑 시작했다'고 생각하더군요. 그렇게 30 퍼센트를 모아 100 퍼센트를 꽉 채워 놓고는 '그렇게 좋아하며 믿고 살아온 45년을 오늘에 와서 가슴에 손을 얹고 가만히 생각해 보니, 저 부처한테 몽땅 속았다'고 했더니 그 사람들이 그냥 놀라 자빠지는 겁니다.

그래 나도 가만히 좀 안정하고 있다가 '아담과 이브가 먹지 말라는 선악과(善惡果)를 굳이 먹어서 천당과 지옥으로 떨어졌다고 했는데, 선악과를 먹기 전에는 거기가 어디냐?' 하고 물었더니, 아무 말도 못하고 땅에 탁 엎드리는 거야. 그래서 '그거를 모르면 나처럼 속는 놈이 된다'고 했어요. 내가 속았다고 한 것까지 보태 가지고 그들한테 폭 덮어 씌워버린 거야. 그러니 꼼짝 못하고 당하는 거예요.

종교인이라면 '종(宗)' 자가 뭔지 '교(敎)' 자가 뭔지 잘 알고 믿어야지. 그것도 모르면 바보 온달이나 마찬가지입니다. 원효 대사의 그 좋은 '활구(活句: 살아있는 말)' 법어는 어디다 팔아 먹고, '제대 보살·마하살(불교의 성인인 여러 보살과 마하살) 하사오니' 어쩌고 저쩌고 중국 말만 할 게 아니라 모르면 스님들께 물어서라도 똑바로 믿어야 하는 겁니다.

물에 물탄 것처럼 시브적 시브적 살지 말고 하나라도 똑똑히 묻고 배워서 바르게 믿어주기를 바라며 좀 알고 사는 불자가 되기를 부탁합니다.

눈 뜨고 세상을 보니 내가 바로 선(禪)

선(禪)의 세계는 부처님의 것도 중생의 것도 아닙니다. 선과 악, 나고[生] 죽음[滅]에 구애받지 않는 것이 선의 세계입니다. 선을 알게 되면 밥을 먹지 않아도 배고프지 않습니다. 잠을 자지 않아도 졸음이 오지 않지요. 척 눈을 뜨고 세상을 보면 바로 내가 선이었음을 알게 됩니다.

부처님 법은 '백천만겁 난조우(百千萬劫難遭遇: 백천만겁의 오랜 시간을 지내도 만나기 어렵다)'일 정도로 귀한 가르침입니다. '생사가 시급한데 누굴 위해서 사느냐?' 이런 생각 한번 하지 않고 그냥 살아서는 절대 수미산 고개를 넘어가는 불자가 될 수 없습니다. 중생은 목을 뚝 떼어 나무에 걸어놓고 덤비고 설쳐야 뭔가 노력하는 대가가 하나 나오지, 그렇지 못하고 그냥 대충하는 일로는 불법은 고사하고 열반은 감히 생각도 못합니다.

성자 이차돈의 목에서만 흰 피가 나오지 않습니다. 모두 진심으로 간절하게 공부하면 흰 피가 나옵니다. 꼭 스스로 노력해서 얻어야 합니다. 그래야 오도독 오도독 씹히는 불교 공부의 맛을 느낄 수 있습니다.

부처님은 물질 복만 짓지 말고 써도 써도 없어지지 않는 무가지복(無價之福)을 지으라고 했어요. 이 산승이 값으로 따질 수 없는 보물을 얻는 방법을 일러줄테니 열반을 깨달아 그 맛을 보고 한바탕 춤을 추어 보시기 바랍니다.

내 마음 가운데 성품을 알기가 그리 쉬운 일만은 아닙니다. 진정으로 마음 가운데 있는 내 성품을 알려고 하면, 알고 싶은 생각이 간절하여 옆에 밥을 두고도 잊고 그것을 한 번 찾아볼 정도가 되어야 합니다. 그 밥이 썩어서 먹을 수가 없을 정도로 집중해야 한다는 말입니다. 도를 찾기 위해서는 대체로 아프고 힘든 고난을 겪게 됩니다. 배가 고프고, 신물이 나올 정도가 돼야 도인이 될 수 있습니다.

부처님이 49년간 설한 말씀은 탐진치(貪瞋癡: 탐욕, 성냄, 어리석음) 3독(三毒)을 쉬라는 것입니다. 중생심은 전부 욕심으로부터 생겨나고, 욕심은 어리석은 마음으로부터 생겨나니 중생심을 버리고, 내려놓고, 쉬어야 합니다. 그 세 가지만 다 놓아버리면 그 자리가 바로 극락세계요 열반세계입니다.

우리가 불교를 믿는다고 하지만 어떻게 해야 결실을 맺을까요? 꽃을 피우기 위해서는 인연의 땅을 만나서 싹을 틔워야 합니다. 씨앗의 눈이 트이지 않으면 아무리 좋은 땅을 만나도 소용 없습니다. 이런 상황에서 선지식이 한번 꽝하고 쳐주면 눈이 번쩍 떠집니다. 눈이 밝아지면 천하의 만물이 선 아닌 게 없고 세상만사가 도 아닌 게 없으니, 발길에 채이는 게 도이고 눈에 보이는 게 다 진리입니다.

그러니, 진짜 선지식을 찾아가서 생로병사 그것이 무엇입니까? 하고 무릎이 닳도록 애원하며 가르쳐 달라고 빌어야 합니다. 나는 출가하고 얼마 되지 않아서부터 전국의 선지식을 찾아 다니며 법거량을 했어요.

그때가 아마 19세 되던 해였을 겁니다. 사흘 간 차를 타고 부산 내원사 현칙 스님을 찾아갔어요. 스님은 고교 교장을 지내고 목사로 있다가 출가하신 분이 이었지요.

내가 스님께 대뜸 "도 좀 나눠주세요" 했어요.

그러자 스님께서 "이 경상도 문둥이 새끼가 뭘 달라는 거야. 자기 집에서 가지고 온 도는 안주면서 남의 도를 빼앗아 가려고 한다" 며 쫓아내셨지요.

그래서 울면서 산에서 내려왔어요. 현칙 스님께서는 자기가 가지고 온 도는 짓밟고 남의 도만 궁금해 해서는 안 된다는 사실을 가르쳐 준 것입니다.

불자님들! 절이 뭐하는 곳입니까. 내가 왜 절에 오는지 알아야 해요. 그것을 모르면 헛것입니다. 부처님이 쉽게 삶의 이치를 얘기해 주는데, 어렵게 사는 것은 어리석은 일입니다. 부처님이 법당에 과일이나 밥 달라고 앉아있는 것 아닙니다. 그런데 절에 와서 밥 한 그릇 올리고 복 달라는 사람들이 왜 그리 많아요. 사찰에 물질 보시만 하면 삼생(三生: 과거, 현재, 미래)의 원수가 됩니다.

옛날 중국의 양 무제가 수 천 곳의 절을 짓고 금탑을 여러 군데 쌓으며 복덕(福德)을 쌓아서, 달마 대사를 만나 자랑삼아 질문을 던졌습니다. 양 무제가 "중국 천하에 절을 많이 지었는데 내 공덕(功德)이 얼마나 됩니까?" 하고 달마 대사께 물으니까, "조금의 공덕도 없습니다" 라고 했어요. 터럭만한 공덕도 없다는 얘기입니다. 왜 그런지 아십니까. 내가 복덕을 쌓았다는 상(相)을 내었기 때문에 그런 것도 있지만, 더 중요한 것은 참된 깨달음을 구하지 못하면 아무런 의미가 없기 때문이었습니다.

원효 대사 말씀에 '올 때는 빈손으로 오고 갈 때도 빈손으로 가니 진짜 가져갈 것은 뭐냐 하면 내가 일생에 잘못한 업을 지고 간다' 고 했습니다.

눈만 꿈뻑해도 의미를 알아 깨닫는 것이 화두입니다. 말의 알맹이를 척 알아들을 수 있을 정도로 공부를 해야 합니다. 불교가 융성하려면 불자들도 공부를 열심히 해야 합니다. 우리 불법은 깨달음을 얻을 것이냐 말 것이냐 이겁니다. 20년, 30년, 60년을 살아도 내가 뭘 하고 있는지, 내가 누군지도 모른다면 삶을 헛 산 것입니다.

보살님과 처사님들의 도가 철철 넘쳐나는 사자 새끼가 되어야 합니다. 적어도 생사의 고해를 넘고자 하면 천하를 쥐고 흔들 수 있는 그런 기백과 용기와 분심이 충만해야 합니다.

나와 내[自性: 본래면목]가 만나면 딸이 어머니 만나는 것보다, 아들이 아버지 만나는 것보다, 어느 누구를 만나는 것보다도 그렇게 좋고 반가울 수가 없습니다. 나를 외면하고 다른 물질 환경에만 끌려서 허덕이다가 진흙탕에 빠지면 어느 누가 건져 주겠습니까? 내 손으로 밥을 먹고 내 발로 걸어 다닐 때 설 땅이 어디 있는지 한번 살펴봐야 됩니다.

촌음시경(寸陰是競: 한 치 그림자의 움직임도 다툴만하다)입니다. 천년 만년 사는 것이 아닙니다. 정신의 진리인 영원히 불멸하는 깨달음의 세계를 턱 발견해서 살려면 어떻게 해야 되느냐? 부처님 법을 그대로 실천 수행하면 현재 이대로가 극락세계가 되고, 부처님 뱃속에 들어가도 그 사람 마음이 어지럽고 흐트러지면 곧 지옥이예요.

그래서 부처님이 한마디로 일체유심조(一切唯心造: 모든 것은 오직 마음이 짓는다)라 했습니다. 마음의 문을 알고 무릎을 치면 산과 들이 모두 내 것처럼 반갑고 청이 술술 나옵니다.

수행의 원동력은 하심과 용기

깨달음을 구하는 이는 모름지기 끈기있게 매달리는 근성이 있어야 합니다. 바로 부딪치고 치열하게 묻고 답하는 것이 수행자의 자세이기 때문입니다. 도를 닦는다고 면벽을 하고 묵묵히 앉아있는 것이 전부라고 생각해서는 안됩니다. 도를 깨우치는 데는 말과 생각만으로 되는 것이 아니기 때문입니다.

마음의 문이 척 열리고 보면 천하 만물이 선(禪) 아닌 것이 없고 세상의 만 가지 일들이 다 도(道) 아닌게 없습니다. 눈을 뜨고 보면 나무와 돌도 도(道)를 알려주고 밥솥도 도를 알려주며 발길에 차이는 게 모두 도 아닌 것이 없습니다. 마음에 부딪치는 모두가 진리요 나를 귀찮게 하고 괴롭히는 것이 문수보살입니다. 귀찮은 사람이 없으면 내 정신력이 강해질 수 없습니다.

'쇠뿔도 단김에 빼라'는 말이 있지 않습니까. 따라서 일초도 늦추지 말고 용기와 분심을 내어 수미산을 뛰어 넘어야 비로소 도(道) 맛을 알 수 있는 것입니다. 집을 지으려면 목수를 찾아야 하고 글을 배우려면 학자를 찾아야 하듯이, 도를 닦으려면 우선 명안종사(明眼宗師)를 친견해야 하는 것입니다.

해인사에서 어느 법회 때 일입니다. 효봉 스님은 법석에 앉아 대중들에게 대뜸 "문수야! 부처를 고아 대중에게 공양해라" 고 일갈했습니다. 그리고 한참 후 "대중은 부처를 곤 맛이 어떠냐"며 물었습니다.

그러나 법회장은 고요하기만 했습니다. 그러자 효봉 스님은 "그동안 무엇을 먹고 살았느냐!"라고 호통쳤습니다. 대중 맨 끝자리에 앉아 있던 나는 벌떡 일어나 "효봉은 무슨 맛인지 말해보라"고 반문했습니다.

효봉 스님은 당시 대단한 선지식입니다. 이 일화를 이야기하는 것은 내가 잘 났다고 하는 것이 아니라, 선지식을 구하는 이는 모름지기 천길 낭떠러지를 뛰어내리고 만길 절벽을 오를 수 있는 기백을 가진 새끼 사자가 되어야 한다는 겁니다. 수행을 제대로 하려면 부처를 잡아 먹고 선지식을 잡아 먹을 수 있는 기상이 있어야 깨칠 수 있습니다.

선객(禪客)이 찾는 깨달음은 범부로서는 감히 생각도 못하는 수도 없는 고비를 넘어선 곳에 있습니다. 조사가 간 길이 바로 이 고비입니다. 이 길은 갈 수록 높아가고 깊어만 갑니다. 그러나 등이 휘고 간이 타는 구도의 장정에서 수행자는 거침없이 걸어가야 합니다. 불조(佛祖)를 넝큼 잡아 삼킬 수 있는 거침없는 사자처럼 걸어가야 합니다.

그러나 깨달음을 향해 내딛는 불같은 '기상'은 '하심(下心: 자기를 낮추는 마음)'에서 비롯된다고 봅니다. 효봉 스님도 평상시에 늘 강조했습니다.

23세 남짓때 바랑을 걸치고 거리를 걸어가는데 어떤 꼬마가 "저기 중 봐라" 하는 말을 들었습니다. 사실 그때까지도 지나치리만치 기고만장 했어요. 조금만 끌어주면 금방이라도 깨칠 것 같은 자신감이 넘쳐났었지요. 그런 나를 알아주지 않는 현실이 안타까웠습니다. 그런데 그 아이의 한마디가 갑자기 내 가슴을 '탁' 치는 거예요. '나를 보라니 내가 무엇인가'라는 의문이 끊임없이 끓어 올랐습니다. 그 길로 산으로 들어가 3년간 채식만 하며 오로지 하심으로 살았어요. 내 존재의 근원을 참구해 가며 이 세상에 존재하는 모든 것이 소중하게 느껴지던 때였지요.

예전에 부산에 한 보살이 있었습니다. 이 보살은 항상 죄책감을 느꼈기에 절에 나오더라도 공양을 들지 않았습니다. 죄 많은 사람이라서 부처님의 물도 먹을 자격이 없다는 것을 자인했던 사람입니다. 모든 일을 함에 있어 타인을 먼저 생각했던 이 보살은 법회에 참석할 때면 맨 나중에 들어와 제일 구석에 서서 부처님께 절을 했습니다.

이 보살이 죽자 가족들은 화장을 했는데 글쎄 사리가 나왔습니다. 끊임없이 하심한 보살은 자기의 업보가 무겁다는 것을 느끼고 하심으로써 업보(業報) 갚음을 하려고 했고 남에게 피해를 안 주고, 남을 위해 사는 이타행(利他行: 남을 이롭게 하는 행위) 수행을 한 까닭에 사리가 그렇게 나온 것입니다. 하심이 수행의 원동력이라면 '의구심'과 '진실'을 바라보는 힘과 이를 믿는 '신념'이 수행자의 길입니다.

불자라면 누구나 5계중 첫 번째인 불살생(不殺生)을 말로는 잘 알고 있겠지요. 그러나 그 도리를 제대로 이해하는 사람이 없어요. 불살생이라니까 그저 문자적인 해석으로 파리나 모기를 죽이지 말하는 얘기 정도로만 알고 있는데, 그게 전부가 아닙니다. 석가모니 부처님의 근본사상이 '생사자재법(生死自在法)'이라는 것을 먼저 알아야 불살생의 도리를 이해할 수 있습니다. 그러니까 불살생은 '나는 것도 죽는 것도 아니라는 것' 즉 생사를 초월하는 도리입니다.

사람은 60년 살고나면 늙어지지만, 자연의 생물은 3월 부터 9월까지 고작 6개월만 살아도 오롯이 익습니다. 그러나 사람은 60평생 지내도 익지 못하는 사람이 많습니다. 자연은 남의 탓을 안하고, 자기 걱정만 하기 때문에 때가 되면 익는, 불멸의 세계, 불살생의 세계 그 영원불변하는 세계를 얻는 것입니다. 자연은 날 때 나고, 클 때 크고, 꽃피고 열매 맺을 때 열매 맺고, 익을 때 분명히 결실을 보건만 우리 인간은 크기만 할 뿐 익을 줄 모르기 때문에 늙어 썩어지고 버림받는 이치를 깨달아야 합니다. 부처님은 열반 잘하기 위해서 출가했습니다.

부처님은 생로병사를 초월하는 법을 깨닫기 위해 6년동안 고행하셨다 했지만 사실 오백생(生)동안 노력했던 겁니다. 그런데 중생들은 한 생도 노력않고 댓가만 바라고 있지요.

이 열반 해탈법은 오로지 일심으로 구하는 자만이 성취할 수 있습니다. 우리 모두 이 열반락(涅槃樂)을 찾는 구도자가 됩시다.

매일 보는 풍경이 바로 선(禪)

선 수행을 시작하려는 여러분. 참선을 하기에 앞서 먼저 선이라는 세계를 알고 선 수행을 하느냐 모르고 선 수행을 하는가가 중요합니다. 수행을 하는 데는 원인과 원칙을 확실히 알고 해야 합니다. 선을 참구하기 위해 온 여러분은 무작정 참선할 것이 아니라 왜 선을 해야 하는지 스스로 생각하고 깨칠 수 있는 과정을 거쳐야 참선의 어려움이 닥쳤을 때 자신의 목숨도 걸 수 있습니다.

산이나 물 모두가 선이요 진리요 도이듯이, 천하만물이 모두 선이요 진리요, 도 아닌 것이 없습니다. 선이라는 세계는 부처님 것도 중생의 것도 아닙니다. 매년 보는 풍경 그림이 바로 선입니다.

오늘은 선원을 개원하는 날입니다. 선원의 문을 여는 날, 모두 마음의 문을 열고 선을 알면 산과 들이 춤을 추며 모두를 맞이할 것입니다. 내가 나를 놓치지 않고 5분만 수행해 보세요. 맑은 피가 생기고 감기, 몸살도 없이 건강해집니다.

삶과 죽음의 문제를 해결하겠다는 일념으로 수행에 몰두하십시오. 묻고 배워서 아는 것과 묻지 않고 모르는 채로 수행하는 것은 차이가 있습니다. 선 수행을 시작할 때부터 확실히 알겠다는 포부를 갖고, 선을 알고 선 수행에 들어가십시오. 부처님도 '한 순간을 소중히 여겨라'고 하셨듯이 매 순간 마다 깨어있어야 합니다.

몸도 생각도 내 것이 아닙니다. 오롯하게 살아있는 정신만이 내 것입니다. 선을 알고 정진하겠다는 포부와 기대를 가지십시오. 자기를 온전하고 확실하게 알면 사는 데에서 맛과 재미가 생겨납니다.

참선 수행하는 사람들이 선의 묘미를 느끼게 되면 이차돈 목에서 나왔던 흰 피와 같은 맑은 피가 솟을 것입니다. 선 수행을 하면 선과 악을 초월한 깊고 미묘한 세계를 알 수 있습니다. 정신이 초롱초롱하고 잠을 안 자도 정신이 맑아지고 노래가 저절로 나옵니다. 늙는 것과 아픈 것에만 매달리지 말고 선을 야무지게 수행하면 혼탁한 피가 맑은 피로 변하고 저절로 건강해집니다. 또 선 수행을 하면 풍기는 멋이 달라져 호랑이도 물러가는 기세가 생깁니다.

무엇보다 참선의 궁극적 목적은 값을 매길 수 없는 보물인 참 마음을 얻기 위함이고 이를 위해서는 부처님께 간곡히 기도해 달라고 해야 합니다. 이를 위해 물질로 복 짓는 것 이상으로 한량 없는 참선수행을 닦아야 합니다.

인도 불교는 유마 거사가 지켰고 신라 불교는 복성 거사가 살렸습니다. 지금 시대는 신도들이 스님들을 일깨워 스님들도 바짝 긴장하게 하는 주체적인 역할을 해야 합니다. 도는 채찍과 아픔 속에서 얻을 수 있는 것입니다. 어렵고 험해야 구도심이 나오는 것입니다. 스님도 탐욕, 분노와 미움, 어리석은 견해를 비워야 합니다.

화두를 드는 것은 이심전심으로 통하는 것을 말합니다. 도는 7일만에 해결하겠다는 각오로 닦아야 합니다. 도가 살던지, 내가 살던지 목숨을 걸고 수행해야 도를 이루고 진리를 깨칠 수 있습니다.

수행이라고 하는 것은 구도심이 생명이고, 일단 발심하면 '쇠뿔을 단김에 빼는' 용기와 분심(분한 마음)이 필요합니다. 24시간 안에 반드시 깨달으려는 자세로 선 수행에 임하십시오. 발심하고도 우물쭈물 미루다 보면 수 만겁이 지나도 불도와의 거리는 멀어지고 자리나 지키며 세월을 보내는 것과 같아집니다. 1초도 늦추지 말고 용기와 분심을 내어 수미산을 뛰어 넘어야 불도의 맛을 조금 알 수 있을 것입니다.

남의 다리만 긁지 말고 생사의 긴 꿈을 깨라

종교는 성인들이 본 진리의 세계입니다. 그것은 우리들이 쓰고 있는 원리와 조금도 다를 바 없습니다. 성인들은 진리대로 살고 우리 중생은 원리를 외면하고 삽니다.

진리는 무진장의 큰 보물입니다. 왜냐하면 아무리 써도 줄지 않고 두어도 변하지 않고 누구의 것도 아니기 때문에 무진장 가지고 수없이 써도, 아무도 탐내지 않으므로 울타리와 담과 자물쇠 없이 살아도 걱정과 근심이 없습니다.

이것이 바로 알고 쓰는 장 다라니(불교의 주문) 아니고 무엇이겠습니까? 비유 하자면 물고기가 무진장 물을 쓰면서 물을 외면하듯이 우리 중생은 한량 없이 좋은 원리속에서 그 원리를 외면하고 살고 있습니다. 고기는 물이 생명이요, 인생은 원리인 정신이 생명입니다. 고기는 물을 5분만 여의어도 못 살고, 우리는 정신을 단 5초만 여의어도 송장이 됩니다.

등하불명(燈下不明: 등잔 밑이 어둡다)이며 지척(咫尺: 가까운 거리)이 천리니, 모두가 알고 보면 도가 되고 우리가 쓰는 원리가 됩니다. 도와 원리는 고기가 물을 버릴 수 없는 것과 같고, 인생은 자아를 외면할 수 없는 것과 같습니다.

성인은 행주좌와 어묵동정에 자아를 일초도 버림 없이 살고, 범부는 자아를 몽땅 놓치고 물질이란 파도에 휘말려 허둥지둥 하다가 고해(苦海)에 풍덩 빠지니 어느 누가 건져 주겠습니까?

우리도 남의 다리만 긁지 말고 생사장야(生死長夜; 생사 속의 긴 밤)의 꿈을 깨어 봅시다. 우리의 이 꿈을 깰 수 있는 것은 공자의 사서삼경도 아니고 예수의 『신약성서』도 아니고 천불·만경도 아니며 오직 자경(自經: 자기가 본래부터 가진 경은 마음을 뜻한다)일 뿐입니다.

인생은 생물이어서 이 생물은 무한정 보장할 수도 없고 공약(公約)도 있을 수 없습니다. 보잘 것 없는 이 물체에 노예가 되지 말고 한번 생각해 보면 자기를 반성할 기회가 우리 범부에게는 누구나 3번은 있습니다. 나이가 40이 되면 귀 옆에 흰 머리가 생기고 이가 흔들리고 눈이 흐리멍텅 해지니, 이와 같은 3번의 변질을 맞게 됩니다. 이 3번의 경종을 당하고도 그 꿈을 못 깨면 목석과 같이 둔한 자며 억만겁을 살아도 꿈은 영영 못 깨나니, 이 좋은 기회를 놓치면 어렵기 때문에 원효 스님이 "깨진 수레는 갈 수 없고 늘어지면 닦을 수 없다"라고 분명히 밝히셨던 것입니다. 우리는 늙어 죽을 것을 기다릴 것이 아니라 자기를 반성해서 남은 시간만이라도 유효 적절하게 쓰일 수 있는 정신을 살펴보기로 합시다.

성인만 믿고 앉았다가 믿는 도끼에 발등 찍히지 말고 단 것, 쓴 것 다 먹은 이 몸이 나를 배신할 것을 생각지 않고, 이목구비(耳目口鼻)이 모두가 알리는 기회와 재촉을 당하고도 꿈을 깨지 못한다면 이 사람은 천명의 부처님이 세상에 출현해도 영영 제도받을 길이 없는 것입니다.

물 가운데 뜬 달은 만져보기 어렵고
마음 가운데 자성(自性)도 만나보기 쉽지 않네.

멋지게 살다 웃으며 죽는 법

사부대중 여러분, 사람이 사람짓을 하면 사람이 되고 사람이라도 소짓을 하면 소가 되는 도리를 아십니까. 원효 대사께서도 말씀하시기를 '소가 물을 먹으면 단 젖이 되고, 뱀이 물을 먹으면 독이 나온다'고 하셨습니다. 다 같은 땅에서 크는 식물도 고추는 맵고 수박은 달죠. '고추 마음'을 쓰기 때문에 독하고 매우며, '수박 마음'을 쓰기 때문에 수박은 시원하고 달아요.

그러면 우리 사부대중은 어떠냐? 우리 사부대중도 부처의 마음을 쓰면 부처가 되는 겁니다. 어떻게 부처의 마음을 써야 되느냐 하면 애기가 장판 바닥에 똥을 탁 싸놨는데, 똥 싼 자리를 들고서도 그 애기가 밉다는 생각은 그만두고 참는다는 생각도 없이, 어린애 궁둥이를 톡톡 두드리면서 볼때기를 싸 감고 뽀뽀까지 하는 엄마의 마음 같은 생활이 바로 그것입니다. 만약 마음 가운데 조금이라도 불평이 있다든지, 원망이 있다든지 하면 그건 부처하고는 10만 8천리입니다. 여러가지 배울려고 하지 말고, 내 자신이 자신을 짓밟지 말고 귀하게 생각해야 하는 겁니다.

하루 아침에 화, 원망, 불평을 3번만 하면 그날은 마음에 꾸정물이 가라앉지 않아서 머리도 아프고, 배도 아프고, 소화도 안되고, 아픈 데가 자꾸 생겨서 필경은 병원에 가야 돼요. 그 병을 만드는 놈은 누구냐? 바로 나 아닙니까. 자신이 자신의 병을 만들어서 의사한테 목을 매단다는 것은 어리석은 사람입니다. 어린애가 장판 바닥에 똥 싼 그 자리를 치우는 엄마의 마음과 같이 원망과 불평이 뚝 끊어지면 거기에는 병마가 몸에 침범을 못해요. 나는 말만 그러는게 아니고 25년 동안 병원에 안 갔어도 일흔이 넘어도 요렇게 짱짱하고 분 안 발라도 반들반들 하잖아요.

우리 부처님 마음을 가지고 살면 정말 나 좋고 남도 좋고 다 좋은 겁니다. 얼굴 찡그려 가지고 불평, 원망하며 살아봐요. 어느 누가 좋다고 하겠는지요. 부처님한테 가서 복(福)은 태산같이 빌어 놓고 빈 복, 있는 복, 준 복도 관리를 못해 진심(화내는 마음)을 한번 팍 내어뿔면 태산같이 빌어놓은 복도 하루 아침에 다 무너지는 것 아닙니까. 있는 복이라도 잘 관리하고 잘 보호해서 잘 가지고 써 보십시오. 정말 사는 재미가 '오도독 오도독' 나는 겁니다. 그런데 모두들 사는 거 보면 다 바보여. 바보짓 하고서도 부처님 앞에 가서 복 달라고 엎드려 사정하는 꼴을 보면 내가 부처라도 콱 쥐어박고 싶은 심정일 거여. 그러니까 내가 나를 소중하게 여길 줄 알아서 이 몸을 청정하게 해야 하는 겁니다.

그래서 이 몸을 진여탑(眞如塔: 진리의 탑)이라고 하는 것 아니겠어요. 이 진여탑을 잘 보호하고 가꾸지도 않으면서 남의 돌탑, 목탑, 그런데 가서 꾸벅꾸벅 절을 해대는 사람은 참말 어리석은 사람입니다. 정신은 산 부처요, 활불(活佛)이요, 생각은 철학이며 이 몸은 물질과학입니다. 몸뚱이만 다듬고 입히며 아껴주는 것 보면 가관입니다. 그러면서도 정신은 쉬게 할 줄도 모르고 있는 줄 조차 몰라요. 물질이 소중한가, 정신이 소중한가, 정신이 없으면 생각할 수 없고, 생각지도 못한다면 이 팔과 다리는 암만 있어도 무용지물이 아닌가요. 팔이나 다리가 떨어져도 이 몸뚱이는 살 수 있지만 정신은 5초만 없어도 송장이 되는 것입니다.

이 정신이 자기 한테 얼마만큼 가치가 있는지, 소중한지, 이것도 모르면서 부처님께 와서 절을 꼬박꼬박 하는 걸 보면 우스운 겁니다.

사람은 자기의 가치를 스스로 찾고 살아야 돼요. 신라

때 선덕 여왕은 자기 관리를 참말 제대로 해 낸 여자였어요. 우리나라 여자들은 누구나 한번 쯤 선덕여왕 릉(陵)에 가서 '어떻게 해야 자기 분수에 맞게 자기 자리를 찾고 살수 있습니까?' 하고 물어봐야 돼요. 맨날 남자한테 질질 끌려다니며 허덕허덕 사는 여자는 여자 될 자격이 하나도 없어요. 왜 자기 가치를 못 찾아먹고 사느냐 이거여. 또 시집을 가서는 남편이 잘 해 주느니 못해 주느니 하면서 원망, 불평하고 사는 꼴을 보면 그 또한 우스운 겁니다. 여자들이 남자를 위해서 시집가는 게 아니지요? 자기가 여자니께 남자를 따라 간 거지. 여자 아니면 남자를 뭐하러 따라가겠어요. 자기를 위해서 시집을 갔으면 불평할 필요도 없고 원망할 필요도 없는 거예요.

또 남자는 돈 몇냥 벌어와 놓고는 '당신을 위해서 돈 벌어왔다'고 유세를 떨거든. 그것도 싱거운 짓이여. 지가 남자니까 여자가 필요해서 모셔다 놓고 꿍꿍 벌어다 먹이면서도 당신을 위해서 한다는 건 싱거운 사람이여. 둘 다 결혼 시작할 때부터 자기를 위해서 결혼한다는 생각을 갖고하면 원망, 불평이 뚝 끊어지고 거기가 바로 극락이 되는 거예요.

이처럼 자기 정신이 소중한 줄 알고 제대로 한번 살아보세요. 제법 사는 법을 알고 턱 살면 죽을 때 죽을 줄 알고 척 죽는 거야. 불법(佛法)은 살 때 멋지게 살다가, 갈 때 아들 딸 척 불러 놓고 손 턱턱 흔들고 말야, 싱긋이 웃고 가는 생사자재법(生死自在法)이여.

부처님께서는 회향(回向)을 잘 하셨기 때문에 삼천년을 존경받는다는 것을 잘 알고 절 해야 하는 겁니다. 이 세상 인류 가운데 죽을 때 부처님처럼 '내가 간다' 하고 웃고 가신 분이 얼마나 돼요. 생사자재법을 제대로 이루고 가신 어른이기 때문에 우리가 존경하는 거예요. 그렇지 않다면 우리는 부처님께 절 하지도 않을 것이고 부처님도 절 받을 자격이 없어요.

그럼 우리는 절에 뭐 하러 가느냐. 안 늙고 안 아프고 안 죽는 걸 배우러 가는 겁니다. 그래서 절에 오면 이 어른(부처님)한테 그걸 물어서 가르쳐주면 고맙다고 절을 해야 되는데, 이것도 저것도 안 가르쳐 주는데도 절을 꾸벅꾸벅 해대는 거 보면 참 싱거운 사람들이여. 목적과 희망과 원하는 것이 있어서 절에 왔으면 반드시 물어보는 거여. 아는지 모르는지 맨날 그러면 다 소용 없어요. 우리 부처님은 확실히 모르고, 크게 모르는 것을 분명히 깨달으셨어요. 안 늙고 안 죽는 것을 깨달으신 겁니다. 그거 물으러 절에 간다는 개념만이라도 분명히 갖고 가르쳐 달라고 졸라야 되요. 상주설법(常住說法: 늘 우리 곁에 함께 하는 설법)이야. 부처님은 그걸 가르쳐주고 싶어서 앉아 계신 거예요.

그 양반이 밥만 똑똑 따 먹는 양반이 아닙니다. 물으러 오는 사람이 없어서 밤낮 가만히 앉아 계시니 그냥 심심한 거예요. 가르쳐 달라고 사정사정 하다 안 되면 눈물로 사정하고, 알고 싶은 심정이 간절하면 저절로 눈물이 나오는 것 아니겠어요. 애원하다 안 되면 저절로 항의가 나와요. '네 이 놈, 부처야! 대자대비(大慈大悲: 크나 큰 자비) 어디다 팔아먹었느냐?'고 벽력같이 항의하면 부처님이 입장 곤란해서 말 없이 알려주고 소리 없이 들려주고, 그대로 보여주는 겁니다. 그래서 '상주설법'이라 하는 겁니다. 그것을 배우겠다는 생각 없이 절에 오는 사람들은 전부 헛걸음인 줄 아셔야 합니다.

이 몸 받았을 때, 부처를 이루자

부처님은 참다운 구도정신(求道精神)으로 성불하신 뒤 49년 간 설법하셨습니다. 그래서 이 산승도 30년 넘게 설법해 왔습니다. 이런 자리에 함께 모인 것도 다 인연이니 이왕이면 한 발자국, 한 발자국씩 부처님께 가까이 걸어가도록 해야 합니다. 올바른 정신으로 말입니다.

우리가 사람의 몸 한번 받는 것이 사천(四天) 위에서 바늘을 떨어뜨려서 사바세계에 겨자씨를 꽂히게 하는 것보다 더 어렵다고 하는데, 이런 사람의 몸을 받았으니 사람이 해야 할 일을 우리가 모두가 다해야 합니다. 늙은이는 늙었다는 생각을 하지 말고, 젊은이는 젊었다는 생각을 하지 말고, 그 무엇인가를 해야 한다는 정신이 문제입니다.

이 귀중한 몸을 아무렇게나 내던지지 말고 정신을 바짝 차려서 소중한 보물을 찾아야 합니다. 이 보물이 바로 우리 모두 가져야 할 참된 정신입니다. 부처님께서, 5백생 동안 수행을 하여 구도했던 그 정신을 팔아먹지 말고 바른 정신, 산 정신으로 구도를 해야 한다는 뜻입니다. 따라서 이런 정신을 절대로 더럽히지 말고, 흐리게 해서는 안됩니다. 정신만 똑바르면 그 어떤 일이든 할 수 있기 때문입니다. 이러한 정신은 영원히 변하지 않는 진리입니다. 우리의 육신은 물질이기 때문에 변하지만 이 정신은 영원히 변하지 않기 때문입니다.

그런데 노인들은 이런 귀한 정신을 가질 생각은 하지 않고, '이제 다 살았는데 뭘!' 하면서 포기하는데, 포기하지 말고 정신을 가다듬어야 합니다. 정정당당하게, 의기양양하게 부처를 이룬다는 자부심으로 용기를 가져야 합니다. 늙는데 너무 신경을 쓰지 말고 노력하여야 합니다.

그러나 어쨌든 인간이라는 이 몸 받았을 때, 부처를 이룬다는 결심을 가지고 정신을 바르게 길러 가면 바로 '선정 바라밀'이 됩니다. 선방에서 스님들이 참선을 하는 것과 같은 것입니다. 그 누구에게나 다 필요한 것입니다. 정신을 한 곳에 집중함으로써 흐트러진 정신이 맑게 됩니다. 그러므로 부처님께서도 이 선정을 위해, 5백생 동안 간절히 노력해서 이루었습니다.

우리는 이 정신을 한 곳에 모으고 뭔가 좀 하겠다는 생각을 가지고 살아야 합니다. 그러면 적어도 정신만은 살아서, 그 무엇인가를 이룰 수 있으며 마음이 맑아야 늙어도 곱게 늙고, 또 죽어도 마음이 편안해 집니다. 아무 곳도 아픈 데도 없이 곱게 늙으려면, 모두 이런 정신을 가지고 웃고 갈 수 있는 열반의 세계, 그 세계를 이루기 위해서 보시하는 정신, 복을 아끼는 정신, 자신을 아끼는 정신으로 살아가야 합니다.

그러면 외국 화장품 사다가 바르지 않아도 마음이 고와져서 부처님처럼 곱게 늙습니다. 마음에 상처 내지 말고 보시 정신으로 얽히고 설킨 중생심을 다 버리세요. 부처가 된다는 구도정신으로 살아가는 데 있어서, 노력을 하면 그대로 곧 복을 받아 부처를 이루며, 이것이 우리가 해야 할 일이며 올바른 구도 정신입니다. 또한 앞으로 우리가 풀어나가야 할 문제입니다.

세상은 고통이 아니건만[世上 非苦]
망심이 스스로 괴롭로다[妄心 自苦]

세상은 그대로인데, 마음이 스스로 괴로울 뿐입니다

나도 열반이요, 산도 들도 열반이다

부처님 근본 사상이 영생불멸의 열반입니다. 부처님께서 49년 설하신 가르침 모두가 나지도 않고 죽지도 않으니, 생(生)도 아니요 사(死)도 아닙니다.

"생사 해탈하라" 하시고는 천상, 인간, 아수라(阿修羅), 저 미진수(微塵數) 세계 모든 중생들에게 "나는 3일 후에 열반에 들어가노라!" 하시니 수천억 무진 대중이 슬퍼하고 낙망하면서도, 의혹이 남아 "마지막으로 저희들을 위해 법문을 해주십시오" 하고 애원하니 마지 못해 '이계위사(以戒爲師; 계를 스승으로 삼으라)'라 했습니다.

"내가 49년 간 설한 바와 같이 5계, 10계, 48계, 250계 등을 잘 배워서 실천·수행하면, 내가 없어도 다 성불·해탈·열반하거니와, 내가 천년 만년 있어도 무진 대중들이 실천하지 않으면 내가 있으나 없으나 마찬가지니라. 자신들이 피나는 노력을 하는 만큼, 열반의 경지를 깨달아, 그 맛을 알고 난 후에 수행하라. 나의 음성만 들어도 지옥, 아귀(餓鬼), 축생 이 삼악(三惡)을 면하게 되고, 나의 모습만

봐도 십악(十惡)이 무너지느니라. 너희들이 내가 열반에 들어간다고 원망하지 말고, 삼악(三惡) 십악(十惡)의 노예가 되지 말라. 첫째, 지옥, 아귀, 축생 이 세 가지 업이 녹아져야 하고, 둘째, 10가지 악한 일을 하지 않으면 10지에 들어가느니라. 이 두 가지만 쉬고 나면, 곧 열반의 경지에 도달하게 되느니라. 설법을 끝내고 부처님께서 열반에 드시려 했다."

시방(十方) 법계(法界) 무진 대중아! 우리도 부처님 같이 생사자재법으로 해탈하여 열반 경지의 맛이 어떤지 한번 알고 삽시다. 석가모니도 싯달타 태자라는 사람으로서 부처님이 되어 열반에 이르렀으니, 우리도 역시 사람인데 어찌 안 되겠는가? 나도 하면 된다는 자신감을 가지고 삽시다. 불교의 근본이 바로 생사해탈 열반락이라 했으니, 우리도 열반을 근본으로 삼고, 싯달타 태자가 팔상성도(八相成道) 하신 과정대로 노력하면 가능하지 않겠습니까?

그러려면 생사가 무서운 줄 알아야 발심이 되니까, 정말 살길 먼저 찾아 놓고, 밥을 먹던지 잠을 자던지 해야지, 숨을 들이쉬고 내쉬지 못하면, 우리가 설 곳이 대지 위 어디에 있겠습니까?

그 곳은 은산철벽(銀山鐵壁)이요, 앞 길이 막막한 처지에 부딪쳐 보니, 앉을 곳도 설 곳도 없고, 앞도 뒤도 없는 장벽에서 한 발도 옮길 수 없으니 심봉사와 조금도 다를 바가 없습니다. 이런 상황에서 눈을 번쩍 뜨고 보니 석가 세존만 열반이 아니라 나도 열반이요, 산도 열반이요, 들도 열반이요, 전 대지 모두 다 열반입니다. 열반을 알고 보면 석가모니의 것도 아니요, 가섭의 것도 아니요, 중생의 것도 아니요, 오직 눈뜬 장부(丈夫)만이 수용할 뿐입니다.

법계(法界) 대중들아! 부처님 교훈은 생사 없는 열반락을 얻기 위함이니, 하루 속히 열반락을 찾아서 만나보면, 어느 누구를 만나는 것보다 좋아서, 천상천하에 내가 제일이라고 말할 것입니다.

우주만물(宇宙萬物)이 무비열반(無非涅槃: 열반 아님이 없다)이요

우주에 있는 모든 모양이 다 열반이로다.

부처님의 근본 뜻은 열반입니다. 이 열반 해탈법은 오직

구하는 자만이 쟁취할 수 있는 것입니다. 오직 우주에 존재하는 모든 만물이 열반에서 살아가고 있는 그 이유는, 열반은 이 세상에서 둘이 아닌 하나이기 때문입니다. 만약 부처와 중생을 둘로 본다면 열반이 아닙니다. 열반은 영원한 무한대에 도달한 진리 그 본체이기 때문에 수많은 역대 불조(佛祖)들도 노심초사한 끝에, 이 영원한 열반의 본체를 얻었습니다.

우리 모두는 이 열반락을 찾는 구도자입니다. 우리 사부대중은 이 열반락을 구하는 데 있어서, 인색하거나 게으름을 피우지 말아야 겨우 맛이라도 볼 수 있는 것입니다. 고불(古佛), 고조(高祖)들이 열반 해탈법을 구하던 과정은 하나같이 독특했습니다. 우리들도 각기 나름대로 자신에게 맞는 원(願)을 세워 열반 구법자의 길을 걸어야 합니다.

부처님도 왕궁이나 부모 처자보다 생로병사의 마에 끌려가지 않는 일이 더 급한 것을 깨닫고 출가하여 대열반락을 얻었으니, 우리 중생은 생로병사가 무서운 줄 알고 위대한 열반락을 구한 뒤에, 먹든지 자든지 해야 합니다.

소인은 남의 걱정만 일삼고, 대인은 자기 걱정만 한다는 말씀은 참으로 지당한 말씀입니다.

불법은 생사 자재법(自在法)
불법은 생사 해탈법(解脫法)

생로병사의 대열반 자재법인, 만물 모두가 열반 아닌 것
이 없다.

화목한 가정의 비결, 나무에게 배워라

세상에서 뭐가 제일 위대해야 하느냐 하면 금, 은, 보화보다도 사람이어야 합니다. 사람 중에서도 사람다운 사람이라야 합니다. 사람다운 사람을 키우려면 남자보다 덕과 지혜를 갖춘 여자가 있어야 합니다. 왜냐하면 어떤 가문이던 그 가문을 살리고 죽이는데는 여자의 역할이 참 중요하기 때문입니다. 가문을 흥하게 하는 여자는 네 가지 덕을 갖춘 여자라야 합니다.

첫째는 관대해야 하고
둘째는 후덕해야 하며
셋째는 착해야 하고
넷째는 상냥해야 합니다.

이런 여자라야만 매사에 민첩한 여중군자(女中君子)라 할 수 있습니다. 여자가 시집을 오면 아버지보다 나은 아들을 키워야 하고, 또 아들보다 나은 손자를 잘 키우게 되면 그 가문도 잘 되고 저절로 잘 사는 나라가 될 것입니다.

우리나라가 전세계를 지도할 수 있는 영웅, 호걸을 많이 길러내는 나라가 되기 위해서는 여성들이 자식 잘 키우는 교육이 절대적으로 필요한 때입니다. 옛 말씀에 아무리 좋은 가문이라도 여자 한 사람 잘못 들어오면 그 가문은 당대에 망하고, 아무리 가난한 가문이라도 여자 한 사람 잘 들어오면 그 가문 살리고 나라 살린다고 했습니다.

여러분 어떻게 해야 잘 살줄 아는가? 기초 교육부터 달라져야 하겠습니다. 저 싱글벙글 무사태평으로 말없이 잘 커가는 나무를 그냥 보고 지나치지 말고 관심 있게 잘 좀 살펴보십시오. 우리에게 과학을 알려주고, 보여주고 있습니다. 가정을 나무에 비유한다면 나무는 삼대(三代)가 모여 사는 가정의 원리와 원칙을 일러주듯이, 거짓없이 서로 도우며 사이좋게 잘 살지요. 저 나무의 뿌리는 어머니요, 줄기는 아버지요. 가지들은 자식이라 서로 원망하지 않고 자기 할 일 잘 하니, 가지들도 늠름하게 잘 커주고 뿌리도 튼튼하게 잘 뻗어나가게 됩니다. 마치 하늘을 받치고 있는 기둥인 줄기(아버지)는 중심에서 가만히 서 있기만 하여서, 부인 편도 안 들고 아들 편도 안 들고 중립을 지키니 더욱 믿음직스러운 나무로 우뚝 서게 될 것입니다.

남자는 중심에서 요놈의 아들, 딸 재롱에 넘어가지나 않나 잘 살펴야 합니다. 혹시나 자식들한테 너무 치우치면 부인이란 뿌리에 문제가 생기고, 뿌리에 푹 빠지면 자식들에게 문제가 일어나니 줄기는 어른답게 중심을 꽉 잡고 있어야 하고, 뿌리는 뿌리답게 흔들리지 않아야 우리 아들, 딸들이 모두 둥실둥실 잘 커갈 수 있을 것입니다. 이것이 바로 가정철학이요, 과학이요, 진리입니다. 전 인류가 나무들처럼 삼대(三代) 원칙대로만 살아간다면 가정과 나라뿐만이 아니라 전 인류가 태평성대를 이룰 것입니다.

'유아독존(唯我獨尊)' 뜻 알아야 참 불자

부처님오신날을 맞이하여 세계 각국에서 봉축(奉祝) 행사를 받들고 있으나, 싯다르타 태자가 주행칠보(走行七步: 일곱 걸음을 걷고)에 천상천하 유아독존(天上天下唯我獨尊: 하늘 위와 아래에 오직 나만이 존귀하다)이라고 말한 그 뜻은 어디에 있을까.

그 정신은 아만도 아니요, 도도한 아상(我相)도 아니요, 오직 이 밝은 빛이며, 그 좋은 자아발견이 아니고 무엇이겠습니까. 이 원리가 바로 천상천하에 가득 찼다고 하는 뜻입니다. 그 밝은 빛은 성인의 것도 아니요, 중생의 것도 아니요, 우주 법계에 항상 존재하고 있으나, 그 아무도 깨닫지 못하고 오직 싯다르타 태자만이 먼저 발견한 것입니다.

이것이 무엇일까? 비유하자면 물에 사는 고기가 물을 모르는 것과 같고, 정신(精神) 속에 사는 우리들은 일초도 정신 없이는 꼼짝 달싹 못하는 것이지만, 그 위대한 정신을 아는 이가 아무도 없습니다.

물질인 이 몸이 천상천하에 가장 중요한 것이 아닙니다. '주행칠보에 천상천하 유아독존'의 참뜻을 모르면 봉축

행사꾼 밖에 되지 못하니, 부디 '유아독존'의 뜻을 알면 자유자재한 뜻을 맛보게 되어 비로소 그제서야 바로 산 불자가 되는 것입니다.

우리 불자들은 부처님의 출가동기와 역사를 좀 알고 믿었으면 좋겠습니다. 부처님에게는 세상 사람으로서는 있을 수 없는 네 가지 오점이 있습니다. 첫째는, 국사를 돌보지 않고 출가했으니 부왕의 대를 거부한 죄요, 둘째는, 부모의 뜻을 거역했으니 천추만대(千秋萬代)의 불효죄요, 셋째로는 젊은 부인을 버린 배신죄(背信罪)요, 넷째는 라후라를 낳고도 기르지 않은 자식을 버린 죄입니다.

우매한 세인(世人)도 이러한 오점을 남기지 않고 살려고 노력하는데, 하물며 부처는 이러한 엄청난 오점이 있어도 전 세계 인류가 수 천년이나 받들고 봉축하는 이유가 어디에 있을까.

옛날에 젊은 시절에는 청렴결백하게 살다가 도중에 한번만 잘못이 있으면 그 허물이 허공에 가득 찬다고 했는데, 부처님은 그와 반대로 젊은 시절에 그와 같이 오점을 남겼으나 자신이 자기 일을 오직 충실히 했기에 전 세계의 인류가 받들어 존경함이 아니겠습니까.

우리 사부대중은 자기 밥을 먹고도 남에게 욕을 먹는 이가 너무도 많이 있습니다. 부처님오신날 축하 분위기에만 현혹되지 말고, 만 분의 일이라도 자기 일 잘하고 남에게 칭송 받는 일을 하기를 두 손 모아 다 같이 발원합시다.

아름답고 진실한 말이 극락세계 만든다

오늘 산승은 여러 대중 앞에서 사바세계의 때를 벗어 던지고 씻어 버리는 이야기를 하겠습니다. 이 산승의 말을 듣고 신 잘 벗는 것부터 배웠으면 합니다. 자기가 신는 신 하나 제대로 못 벗는 사람은 부처님 뱃속에 들어가도 진리니, 법이니, 설법이니 하는 것을 못 알아듣기 때문입니다.

신 하나만 제대로 잘 벗고, 모자 하나만 반듯하게 잘 쓰고 입을 잘 관리하면 됩니다. 또 손도 소중한 손, 귀중한 손, 위대한 손인줄 알고 함부로 써서는 안된다는 생각을 가져야 합니다. 그 다음엔 발걸음 한 자욱 잘못 내딛으면 3대를 망칠 수 있다는 것을 명심해야 합니다.

걸음 한 자욱만이라도 백번을 생각하고 또 해서 한 자욱 옮겨 놓을 수 있는 장부가 돼야 합니다. 쫓아가면 다 걷는 줄 알지만 생각하고 걷는 것 하고, 생각 하지 않고 걷는 것하고 태도와 모습이 천지차이 입니다.

자신의 신체 하나 하나를 잘 관리하지 못한 채 부처님 앞에 절만 꾸벅꾸벅하는 것은 껍데기 불자입니다. 껍데기 불자만으로는 앞으로의 한국불교를 낙관할 수 없습니다. 부처님은 5백생 동안 자기 눈, 입, 손, 발 관리를 잘 하셨기에 3천년 존경받는 산 불자가 되셨습니다. 지금을 살아가는 스님들과 우바새(남성 신도), 우바이(여성 신도)도 이것들을 잘 관리해 살아있는 불자가 돼야 함을 숙지해야 합니다. 그래야만 한국불교의 미래가 밝아질 수 있을 것입니다. 하지만 그것은 간단한 문제는 아닐터, 자신의 굳은 심지와 실천이 있어야만 가능한 것입니다. 굳은 각오 없이는 허사에 불과할 뿐입니다.

우리나라 불자치고 '수리수리 마하수리 수수리 사바하~'로 시작되는 '정구업(淨口業: 입으로 지은 업을 맑히는) 진언'을 모르는 사람은 없을 것입니다. 모르는 사람은 없으나 실천 수행하는 이들은 미약한 것 같습니다.

'수리수리 마하수리 수수리 사바하.'

이것은 '입에 업되는 말을 맑게 하고 참말만 하겠습니다' 하고 부처님 앞에 고백하는 것입니다. 자기 자신이 발원해 놓고 실행하지 못할 때는 스스로 벌을 설 줄 알아야 하고 불제자로서 참회해야 합니다. 또한 자기 허물은 걱정하지 않고 남의 걱정과 허물을 들춰내기 일삼는 불자는 부처님 앞에 합장할 자격이 없습니다. 남의 허물만 꾸짖지 말고 힘써 내 몸을 살펴 보아야 합니다. 남을 흉보기 이전에 나는 어떤가 하고 먼저 반성해야 한다는 것입니다. 자신의 잣대에서 남을 판단하고, 강요하고 하는 것은 불법을 공부하는 사람으로서 부끄러운 일입니다. 자신의 생각이 아닌 남의 생각도 옳을 수 있다고 항상 돌이켜 생각해야 합니다. 모든 사람이 만일 이렇게 깨달으면 그 때문에 다툼은 영원히 쉬어질 것입니다.

'대장부는 일언이 중천금[男兒一言重千金]'이라 했습니다. 전 인류에 살이 되고 뼈가 될 수 있는 장부의 말 한마디가 수 백년 없어지지 않을 수 있다고 생각해야 합니다. 그래서 '정구업 진언'을 발원해야 하는 것입니다. '참말만 하겠습니다' 하고 아침에 발원하고 저녁에 가슴에 손 얹고 자기 하루를 생각해 보면 거짓말, 나쁜 말도 했고 비겁하고 용렬한 말도 했던 하루가 일생 동안 이어져 엉망이 돼 버렸음을 느낄 때가 있을 것입니다. 스스로 업을 지어 놓고 부처님께 복을 달라, 명(命)을 달라하는 것은 진정한 참불자의 모습이 아닐 터입니다. 스스로 수행하지 못하고 기복(祈福: 복을 빌다)을 일삼는 것은 헛 껍데기에 불과한 불자입니다.

'정구업 진언' 즉 진실한 말, 고운 말, 득이 되고 복이 될 수 있는 말 아니면 하지 않겠다는 포부와 각오를 가지고 새해를 살아야 합니다.

천 등(燈), 만 등 달아 발원하느니 보다 실천하는 것이 중요하고 우선입니다. 실천하지 않는 발원은 그에 대한 업만을 계속 쌓아갈 뿐입니다.

그 다음 오방내외안위제신진언(五方內外 安慰諸神 眞言: 다섯 방위의 신들을 편안하게 하는 주문)을 독송 합니다.

'나무 사만다 못다남 옴 도로도로 지미 사바하'

그 입만 잘 관리해서 득이 되고, 복이 될 수 있는 말만 하면 아들 딸, 온 동네 사람들이 다 편안해 질 수 있습니다. 이웃 좋고, 나라 좋고 그것이 바로 극락세계가 되는 것이 아니겠습니까? 극락세계가 멀리 있는 게 아니고, 내 입하나 관리 잘해서 내 마음 편하고 식구 모두 편하고 이웃과 나라가 다 편하니 그것이 바로 극락세계인 것입니다. 도는 멀리 있는 것이 아닙니다.

『천수경』에서 오방내외안위제신진언 다음에 나오는 노

래가 개경게(開經偈)입니다.

무상심심미묘법(無上甚深微妙法)
백천만겁난조우(百千萬劫難遭遇)
아금문견득수지(我今聞見得受持)
원해여래진실의(願解如來眞實意)

가장 높고 미묘하고 깊고 깊은 부처님의 법
백천만겁 지나도록 만나뵙기 어려워라.
내가 이제 다행히도 듣고 보고 지니오니
부처님의 참된 뜻을 알아지게 하소서.

천하의 만물이 선(禪) 아닌 게 없고, 세상만사가 도 아닌
게 없습니다. 그게 법(法)인 것입니다. 그 법을 알고 살다
보면 인생의 즐거움을 느껴, 나쁜 것도 잊고, 욕심도 잊는
산 불자의 모습일 수 있습니다. 내 마음의 구정물이 맑아
지면 저절로 피가 맑아지고, 정신이 맑아지고, 눈이 맑아
집니다. 그렇게 하여 10년, 100년을 내다볼 수 있는 혜안
(慧眼)이 생기고 부처님이 왕궁과 처자를 버리고 출가한

이유 또한 이해가 될 것입니다.

여러분들이 절에 갈 때 내 마음의 법을 스스로 갖고 절을 찾을 때만이 우리 마음 속에 득실거리는 8만4천 마구니(魔軍: 마왕의 군대)를 다스릴 수 있습니다. 투철한 각오가 없으면 번뇌 마구니에 휩싸여 방황하고 고통스런 인생을 살아갈 수밖에 없습니다.

단지 복을 구하기 위해 절을 찾을 것이 아니라 자기 스스로가 복을 지을 수 있는 불자가 되도록 실천수행 해야 합니다. 부처님은 5백 생(生) 동안 자비ㆍ보시행을 하셨습니다. 자비ㆍ보시행은 물질적인 보시행 보다 정신적인 보시행에 더욱 중점을 둡니다. 그래서 나는 '복짓는 것은 삼세(三世: 과거, 현재, 미래)의 원수가 된다'고 말합니다. 물질 복을 짓는다고 한평생 허덕이고, 물질 복을 지어서는 만석꾼이 되어 열쇠로 물질 보관한다고 한생 또 허덕이고, 복 짓는 타령하느라 정신없이 살아 한 생을 무의미하게 살게 됩니다. 그러니 삼세를 헛 산 것이나 다름 없지 않습니까? 그래서 물질 복을 지을 게 아니라 지혜의 복을 지어야 한다는 것입니다. 물론 물질 복을 지어 불우한 이웃을 돕거나 유용하게 쓴다면 물질 복을 짓는 것 또한 중요한 일이라 할 수 있습니다. 지혜 있는 사람은 욕심을 버려 한 가지 물건도 가지지 않고 스스로 자기를 깨끗이 하여 모든 번뇌를 지혜로 돌이킬 수 있는 사람입니다.

자신의 주장자를 먼저 세우라

요즘 우리나라에서는 승가든, 재가든 지나치게 물질을 추구하는 경향이 있는 것 같습니다. 그래서 부정부패가 생기고 세력 다툼이 생기는 것이 아닌가 싶습니다. 태국 같은 데서는 복을 비는 일은 전혀 없습니다. 그래서 태국엔 역사이래로 전쟁이 전혀 없었습니다. 올바르게 사니깐 전쟁이 있을 리 없는 것이죠. 내전에 의해 나라가 망하지, 외적의 침입에 의해서 나라가 망하는 일은 전무후무한 일일 것입니다.

자기 일 잘하고 지혜를 갖추기 위해 노력하는 것이 불교이고 불제자의 도리입니다. 우리나라에서는 우리들이 기도만 하면 부처님이 뭐든 해주는 것으로 생각합니다. 작복(作福), 즉 복을 지으라는 말이 물질적인 복을 지으라는 것이 아니라 지혜의 복을 스스로 노력해 지어야 한다는 뜻입니다. 밝은 사람한테는 어둠이 다가올 수 없듯, 깨달음을 위해 수행하는 이에게는 고(苦)가 있을 수 없습니다.

정신이 똑바르면 숨구멍이 트이는 법입니다. 불법을 따르고 실천하면 지혜가 광명이 되어 나옵니다. 물질에 허덕이다 보면 눈도 가물가물 해지고 정신도 혼미해 지는 것입니다. 물질에 대한 집착이 끊기면 마음이 깨끗해지고 눈이 맑아짐을 느낄 수 있습니다.

하지만 결코 단번에 부처가 되는 것은 아닙니다. 법을 실천하고 부단한 수행을 쌓아야 부처가 될 수 있습니다. 부처가 되기 위해서는 마음을 편하게 가지십시오. 성냄을 버려야 합니다. 또한 거만도 버려야 합니다. 그리고 모든 애욕과 탐심을 버려야 합니다. 정신에도 물질에도 집착하지 않으면 마음이 고요하고 편안해 괴로움이 없어지기 때문입니다.

짜증을 내고, 화를 내면 맑은 피가 독한 피가 되어 돌아옵니다. 거울을 한번 보십시오. 화낼 때 피가 어떻게 돌아가는지 느껴보세요. 험악한 얼굴이 아닐 수 없을 것입니다. 다른 사람에게 잘 보이려고 하면 짜증내지 말고, 화내지 말고, 싸우지 말고, 자기 자신을 먼저 아낄 수 있는 사랑을, 자비를 베풀어야 합니다.

독한 얼굴을 하고 부처님 앞에 합장하고 서 있을 수는 없는 노릇 아닙니까? 부처님 말씀 중에 자살죄를 범하지 말라는 법문이 있습니다. 그것은 자기를 짓밟지 말고 자기를 더럽히지 말라는 가르침입니다. 자기를 아끼고 사랑하라고 말씀하신거죠.

내가 해인사에서 수행할 때 효봉 스님과 목욕을 해 보면 효봉 스님은 마치 백일난 애기 동자와도 같았습니다. 물에 꼭 솜뭉치 띄워 놓은 것 같았죠. 그러나 효봉 스님의 몸을 만져보면 쇳덩이 만큼 단단했습니다. 해인사 방장으로 계실 때 효봉 스님은 20일 동안 등을 땅에 붙이지 않은 적이 있었습니다. 70 노인이 고개도 끄덕이지 않을 정도로 전혀 미동이 없어서 살짝 옆에 가 장난삼아 가만히 들여다 보니깐 고개는 들고 숨소리만 색색 거리시더군요. 어른을 때릴 수는 없고 해서 주장자로 방바닥을 딱 때리니깐 효봉 스님이 깜짝 놀래십디다. 그때 잠깐 주무신 모양입니다. 주무셔도 몸은 전혀 움직임이 없으셨던 것이었죠. 그냥 보통 수좌였다면 어림도 없는 얘기죠. 한생 닦아서는 안 되는 것입니다. 여러 생을 닦아야 됩니다. 그러니 여러분도 입만 부처라고 말하지 말고 자기를 아끼고 잘 관리하고 실천수행 해야 합니다. 그래야만 산 불자라 할 수 있고, 한국 불교를 이끌어 갈 수 있을 것입니다.

불자들은 어느 것보다도 자기 몸뚱이 한번 만나기가 얼

마나 힘든지 알아야 합니다. 이 몸뚱이 한번 잃어버리면 다시 만나기가 하늘의 별따기 만큼이나 어렵다는 것을 짐작하기 어려울 것입니다. 이 몸이 있을 때 좋은 일 많이 하고, 복도 많이 짓고, 수행도 열심히 해서 부처님 근처라도 가는 흉내라도 내야 합니다.

깨달음은 여러분이 생각하는 것만큼 어려운 것은 아닙니다. 일상생활에서 진실로 한마음으로 구하면 바로 곁의 일로 깨달음을 얻을 수 있습니다. 그러기 위해서는 법을 실천하는 노력이 필요합니다. 말보다는 실천의 수행이 앞서야 한다는 것입니다. 그렇게 되었을 때 한국 불교의 미래는 밝아집니다. 나와 이웃을 아끼고, 나라를 아껴 한마음으로 실천수행 하는 것만이 개혁으로 가는 한국불교를 이끌 수 있으리라 봅니다.

무조건 절에 가서 빌고 스님에게 절한다고 해서 복 받고, 잘 사는 것이 절대 아닙니다. 그것부터 불자들은 인식해야 합니다. 공부하는 불자, 실천하는 불자를 지금의 한국불교는 원합니다. 그렇게 노력하고 실천수행 함으로 인해서 옳은 길을 가지 못하는 스님들을 채찍질할 수 있을 것입니다. 공부하는 신도들 때문에 스님들은 나태해 질 수 없는 것입니다.

승가는 승가 나름대로, 재가는 재가 나름대로 제 모습 찾기에 열중해야 합니다. 하지만 공부가 무엇인지도 모르고 공부하는 것은 무모한 짓입니다. '시작이 반'이라고 하지만, 얼마나 잘못된 것입니까? 선(禪)이 무엇인지 모르는 사람이 참선을 한다고 하니 답답한 노릇이 아닐 수 없습니다.

한국불교가 발전하고 재생하려면 우선 각오와 중심을 다져야 합니다. 내가 왜 불법을 공부하는지, 왜 절에 다니는지, 왜 기도하는지 알고 난 뒤에 절을 찾고 기도해야 하는 것입니다.

알고 믿어야 한다는 것입니다. 알고 가야 합니다. 알고 믿겠다는 각오를 가지고 불교를 믿어야 더 이상 한국불교가 흔들리지 않습니다.

자신의 주장자를 먼저 세우십시오. 생각이 온전하면 지혜가 생기고 생각이 흩어지면 지혜를 잃는 법. 이 두 갈래 길을 밝게 알아서 지혜를 따르면 도를 이루고 각오가 투철해 집니다. 게으름 피지 말고 힘차게 일어나야 합니다. 즐거운 법을 따라가며 즐거이 나아가십시오.

말 한마디라도 선(善)하고 푸근하게 하라

인간은 20년 동안 성장하고, 그후 20년 동안 여물고, 다시 그후 20년 동안은 기울어 갑니다. 요즘은 수명이 늘어 나같이 80까지 사는 사람도 많지만 기본은 그래요. 잘 살면 잘 죽게 되고, 잘 죽으려면 잘 사는 법을 알아야지요. 우리가 어디를 떠나려면 머물던 곳에 인사를 하는 것처럼, 잘 죽으려면 저 자신에게도 제대로 인사하고 가야지요. 그러려면 제대로 나를 알아야 인사를 할 것 아닙니까.

나를 알기 위해 생활하면서 정신을 가다듬는 방법을 일러주겠습니다. 우선 매일 아침 처음 하는 말은 좋은 이야기를 하세요. 남의 속을 푹 찌르는 '송곳말', 머리를 내리치는 '도끼말', 때리는 '작대기말'은 하지 말아야지요. 첫말 한마디라도 선하고 푸근하게 하면 복이 찾아올 것입니다. 덕(德)이 쌓이고 득(得)이 되는 말을 하세요. 또 매일첫 걸음 한 자리라도 무게 있게 걸어 보세요. 마지막으로하루 24시간 중에 단 5분이라도 부처님처럼 단정한 자세를 가져보십시오. 간단한 것 같아도 이 세 가지 역시 매우어려울 것입니다. 지금 세상 사람들은 마음의 때가 너무 많이 붙어 있습니다. 그 때를 벗겨내야 합니다.

오염된 마음을 벗겨내고 함께 잘 사는 상생(相生)의 문화 정착을 위해 모두가 노력해야 합니다. 정치가들은 정말 나라와 백성을 위해 목숨을 바치는 각오가 있어야 합니다. 밥그릇을 위해 이야기하는 상생은 오래 못 갑니다. 조계종 총무원장 할 때 저는 사무실 벽에다 '말은 100번 생각한 후에, 일은 사흘 생각한 후에 하자'고 써놓고 늘 스스로를 경계했습니다. 다른 사람들을 위한 자리에 있는 분들은 그런 자세를 가져야 한다고 봅니다.

하루 5분이라도 부처 흉내를 내라

시골 무지렁이가 서울 오기도 어려웠던 45년 전 이야기입니다. 조계사 주지 소임을 맡고 올라왔는데 그때 내 나이가 마흔이었습니다. 주지를 맡은 지 3일만에 결혼식 요청이 들어왔다고 주례법사를 하라고 합니다. 못한다고 해도 기어이 하라고 해서 나오니 직원들이 책을 가져와 이것은 빼고 이것을 하라는데, 내 재주로는 2시간을 해도 다 못할 것 같아 책을 덮고는 이렇게 말했어요.

"오늘 시집가는 신부는 부처님한테 맹세하기를 도인 한 명 키우고, 영웅 한 명 키우고, 네 가지 덕이 있는 군자 한 명 키울 맹세를 해라."

신랑에게는 이렇게 말했습니다.

"가문을 살리고, 나라를 살리러온 신부 속을 썩히지 말아라. 속을 썩히면 구정물 단지에서 나쁜 놈이 나와 가문도 망치고, 나라도 망치니 그렇게 되면 그 책임은 다 신랑이 져라."

그 얘기하고 말랬더니, 사람이 1300명이나 왔는데 너무 간단하잖아. 그래서 이렇게 한 마디 더 했습니다.

"오늘 가문 살리고 나라 살리러 시집가는 신부는 세 가지 밝은 생활을 먼저 해라. 입은 헛말하지 말 것, 손은 헛일하지 말 것, 발은 헛걸음하지 말 것. 이 세 가지 밝은 생활을 하고 원만하게. 현명하게. 투철하게 생활하면 영웅호걸의 영혼이 지나가다가 '저런 집에서 한번 살아봐야 겠다' 하고 태기(胎氣)가 든다. 그 책임은 신부가 져라."

또 신랑한테 한마디 더 해야 할 것 같아서 이렇게 말했습니다.

"신랑은 식구를 위해 애써 돈을 벌어오는 수고보다는 신부가 살림을 잘 살고 재산을 잘 지키는 것이 중요하므로 돈 벌지 않는다고 무시하지 말아라. 돈 버는 신랑보다 지키는 신부가 잘 해야 한다. 또 돈을 쓸 때는 신랑과 신부가 의논해서 써라. 돈을 잘못 쓰면 개망신을 한다."

주례사를 5분하고 얼굴 빨갛게 해서 나왔어요. 그런데 입에서 입으로 소문이 나서 결혼식이 다 조계사로 몰렸습니다. 이화여대에서 오라고 연락이 왔는데, 안 가니까 총장이 와서 '여자교육을 잘 하신다는 데 우리 여대생들에게 한 마디만 일러주고 가' 고 해서 차를 타고 함께 갔어요.

여대생 3,000명을 모아 놓으니까 욕심이 나더라고. 그래서 "사내 대장부들은 남의 나라도 홀까닥 집어먹을 포부와 희망을 가지고 대학을 다니는데 여자 너희들은 나라를 위해서 무엇을 해주고 갈래. 포부가 있으면 손들어봐라"고 하니, 아무도 손을 안들어요. "옛날, 아버지가 훌륭해서 영웅호걸이 된 역사는 없다. 어머니가 훌륭해서 영웅호걸이 되었으니 여자로서 최고 학부를 나왔으면 도인 한 명 키우고, 영웅 한 명 키우고, 네 가지 덕(관대하고, 후덕하고, 착하고, 상냥한)이 있는 군자 한 명 키울 포부와 희망과 기대를 가지고 대학을 다녀라. 안 되거들랑 물으러 오너라." 그렇게 해놓고 왔거든. 딱 3분 법문을 했어요.

결혼해서 아이가 태어나면 부처를 흉내 내며 살아야 됩니다. 아침에 일어나서 아이를 부를 때 나직하게 '아무개야~' 라고 불러야지. '꽥' 소리 지르면 자신도 마음이 아프고 식구들도 마찬가지입니다. 자, 오늘부터 하루 한 마디 부처님 말씀 흉내낼 것. 또 걸음을 걸을 때도 첫 걸음은 꾹 누른 다음 떼어야 해요. 지구가 한 곳으로 기울 정도로 신중하고 무게 있게 발을 떼어야 해요. 또 눈을 뜨고 있되, 물질과 주변 환경은 보지 말고 하루 5분만 부처님의 생사자재법을 보는 겁니다. 5분 조차 관리하지 못하면 그날은 밥을 먹지 말아야 돼요.

여러분. 매일 5분만 좌선을 하되 몸은 부처를 흉내 내고, 마음은 부처님이 나라와 부모와 아내와 자식에게 네 가지 큰 죄를 짓고도 3,000년 동안이나 존경을 받는 이유를 생각해야돼요. 사흘을 생각해도 답이 안 나오면 부처님께 찾아와 사정을 해봐. 그래도 안 되면 부처님을 때려요. 그러면 가르쳐 줄 겁니다. 부처님은 그것 물으러 오는 놈 가르쳐 주려고 앉아있는 거야. 그런데 그건 안 묻고 밥 한 그릇 떠다 놓고 복 달라는 협잡꾼만 오니, 기가 막혀 저리 가만히 있는 거야. 이제부터라도 좀 알고 믿자는 그 말입니다.

큰 그물을 펴서 전 인류의 고기를
다 건질지어다

입동지절(立冬之節)을 맞이하여 고당(高堂: 남의 부모를 높여서 부르는 말)의 만복(萬福)과 행운이 충만하시기를 기원합니다.

이 노옹이 30대에 경봉 노사와 대담 중에 이런 말씀을 들었던 기억이 납니다. 경봉 노사께서 "명인 도사가 쉽지 않고 흔치도 않다. 성수 자네가 금년 내로 50년 지도한 결과를 해 놓아 보아라" 하시면서 등을 세 번 툭툭 두드려 주셨습니다.

이때 노스님의 자비 덕으로 첫번째는 해운대에 30만평의 땅을 마련하기로 했다가 실패했고, 두번째는 천성산 법수원 산 아래에 18만평을 당시 350만원에 계약했다가 실패했고, 세번째는 동국제강 장경호 거사와 100만평의 부지를 살려고 하다가 소원이 뜻대로 이뤄지지 않았습니다.

그래서 이 우납(愚衲)이 팔십이 넘도록 사람 만드는 공장을 머리 속에 생각하기를 1분 1초도 멈추지 않고 누가 어디에 좋은 명당이 있다고 하면 100리, 1000리를 찾아

다니니까 상좌와 도반들이 "저 어른은 땅에 미쳐 다닌다"
는 말이 간혹 귀에 들어왔습니다. 그럴 때면 "할아버지는
터를 닦고 아들은 집 짓고 손자들은 다 와서 잘 살게 하는
이것이 사람 사는 도리라"며 말했습니다.

공자도 시간을 금쪽같이 아껴서 사서삼경을 쓰셨고, 부
처님도 오백생의 노력 끝에 팔만대장경을 내놓으셨습니
다. 이 우납 성수도 50년 기원 끝에 해동선원에 해동불(海
東佛: 해동의 부처님, 원효 대사를 말함)을 모시게 되었던
것입니다. 우리나라에 남녀노소를 막론하고 하루 속히 와
서 해동불 원효 어른이 동양에서 제일 광명(光明)의 대성
인이 되었으니, 그 어른의 밟아온 발자취라도 짚어보고 달
아보고 살펴주기를 바라면서 산청 해동선원에 '해동불 봉
불식' 불사에 즈음하여 간단하게나마 원효 성사의 사상과
해동선원의 설립배경을 알려 드리고자 합니다.

먼저 해동불 원효성사의 포부와 원력은 '장대교망 록인
천지어(張大敎網 鹿人天之魚)'라고 말할 수 있습니다.
그 뜻은 "크나 큰 그물을 펴서 전 인류의 고기라는 고기는
다 건질지어다"라는 크나 큰 원력과 포부가 들어 있습니
다. 그리고 "개구리의 탐심과 뱀의 진심, 이 두 분탕을 치

고 회를 쳐 없애면 밝은 빈 속에 진리의 밥을 선열위식(禪悅爲食)으로 삼으면 마음과 정신이 맑아진다. 그러한 길을 두고 뫼로 갈 수 없고 섶을 지고 불로 들어 갈 수 없는, 정말 살 때 살 줄 알고 사니 죽을 때 죽을 줄 아는 참으로 눈밝은 명인도사가 된다. 세상의 유정 무정 만물들아! 남의 다리 그만 긁고 자기 다리 긁고 살며 자기 걱정 하여 보세!" 라는 이 짧은 말 속에서 살펴야 합니다. 원효 성사의 정신세계와 선을 바로 알고 닦아야 이익이 되지, 모르고 닦아서는 절대 안된다는 참으로 귀감이 되는 말씀이라고 생각합니다. 우리 사부대중도 좀 분명히 알고 사는 인간이 되어 주시기를 바랍니다.

그 다음으로 이 노옹이 해동선원을 산청 고을에 설립하게 된 계기를 말씀드리겠습니다.

이 우납이 평생 노심초사 중, 금년 초에 우연히 함양에 계시는 선생님 두 분이 와서 산청 지리산 속에 5만평의 좋은 터가 있다 하기에 불원천리(不遠千里) 하고 가서 산세를 보니 기대와는 달리 조금 미흡한지라 후일을 기약하고 되돌아오는 길에 우연히 마을 길 옆에 학교가 보여서 들어가 본즉 첫눈에 '여기가 내가 살 곳이구나' 하는 환희심이

나서 주위 사람들을 통해서 알아 보니 마침 주인 없는 빈 학교라는 말을 듣고 '인연토를 만나게 해 주셔서 감사합니다' 라고 삼배하고 산청교육청에 문의해서 일을 성사시 켰습니다. 이러기까지 주위 여러 선생님과 각 기관 관계자 님들의 노고에 감사드립니다. 그 분들께서 이구동성으로 말씀하시기를 "성수 큰스님께서는 산청매촌초등학교에 불교 수도원을 열면 산청이 살판 난다" 라고 하시면서 동민, 면민, 군민 모두가 도와주셔서 모든 일이 순조롭게 진행되었습니다.

이 노옹의 원력도 있지마는 지방 여러 선생님들의 공덕도 적지 않았습니다. 왕산 줄기 아래 그리고 지리산 줄기 아래서 천년만에 해동불을 선양하는 해동선원의 문을 여는 이 모든 불사가 하루 속히 왕산, 지리산 그리고 산청고을 사부대중 모든 분께 회향되어 부처님의 가피와 해동불의 은혜로 참나를 찾아서 성불하시기를 이 노옹(老翁)이 기원하고 또 기원합니다.